神？

우리시대 과학의 눈으로 바라본
사도신경 그리고 신

Dieu? 알베르 자카르 지음 | 정재곤 옮김

궁리
KungRee

사도신경 ● 가톨릭

전능하신 천주성부
천지의 창조주를 저는 믿나이다.
그 외아들 우리 주 예수 그리스도님
성령으로 인하여 동정 마리아께 잉태되어 나시고
본시오 빌라도 통치 아래서 고난을 받으시고
십자가에 못박혀 돌아가시고 묻히셨으며
저승에 가시어
사흘날에 죽은 이들 가운데서 부활하시고
하늘에 올라
전능하신 천주 성부 오른편에 앉으시며
그리로부터
산 이와 죽은 이를 심판하러 오시리라 믿나이다.
성령을 믿으며
거룩하고 보편된 교회와
모든 성인의 통공을 믿으며
죄의 용서와 육신의 부활을 믿으며
영원한 삶을 믿나이다. 아멘

사도신경 ● 개신교

전능하사 천지를 만드신 하나님 아버지를 내가 믿사오며
그 외아들 우리 주 예수 그리스도를 믿사오니
이는 성령으로 잉태하사 동정녀 마리아에게 나시고
본디오 빌라도에게 고난을 받으사 십자가에 못박혀 죽으시고
장사한 지 사흘만에 죽은 자 가운데서 다시 살아나시며
하늘에 오르사 전능하신 하나님 우편에 앉아계시다가
저리로서 산자와 죽은 자를 심판하러 오시리라.
성령을 믿사오며 거룩한 공회와 성도가 서로 교통하는 것과
죄를 사하여 주시는 것과 몸이 다시 사는 것과
영원히 사는 것을 믿사옵나이다. 아멘

사도신경 ● 라틴어

Credo in unum Deum,
Patrem omnipotentem, factorem caeli et terrae,
visibilium omnium et invisibilium.
Et in unum Dominum, Jesum Christum, Filium Dei uneginitum.
Et ex Patre natum ante omnia saecula.
Deum de Deo, lumen de lumine, Deum verum de Deovero.
Genitum non factum, consubstantialem Patri,
per quem omnia facta sunt.
Qui propter nos homines, et propter nostram salutem,
descendit de caelis.
Et incarnatus est de Spiritu Sancto ex Maria Virgine.
Et homo factus est.
Crucifixus etiam pro nobis sub Pontio Pilato,
passus, et sepultus est.
Et resurrexit tertia die, secundum Scripturas.
Et ascendit in caelum, sedet ad dexteram Patris.
Et iterum venturus est cum gloria
judicare vivos et mortuos,
cujus regni non erit finis.
Et Spiritum Sanctum, Dominum, et vivificantem,
qui ex Patre Filioque procedit.
Qui cum Patre et Filio simul adoratur et conglorificatur,
qui locutus est per Prophetas.
Et unam sanctam catholicam et apostolicam Ecclesiam.
Confiteor unum baptisma in remissionem peccatorum.
Et expecto resurrectionem mortuorum.
Et vitam venturi saeculi.
Amen.

내가 신을 사랑할 때 나는 무엇을 사랑하는 것일까? 지상의 모든 생명체가 지닌 육신의 아름다움이나 그 우아함은 아닐 테고, 경이롭게만 보이는 빛의 광채도 아니고, 울림이 있는 서정적 선율도 아니고, 은연한 꽃향기도 아니고, 향기나 내음도 아니고, 맛난 음식도 아니고, 꿀도 아니고, 서로의 육체를 끌어안도록 만들어진 신체기관도 아니다. 내가 신을 사랑할 때 내가 사랑하는 것은 그런 것들이 아니다. 하지만 내가 신을 사랑할 때 거기엔 내가 사랑하는 빛이 있고, 목소리가 있고, 향기가 있고, 먹을 것이 있고, 육체의 포옹이 있다. 내가 신을 사랑할 때 내 안에서 발견하는 것은 빛이요, 목소리요, 향기요, 내면적 인간이 하는 포옹이다.

성 아우구스티누스
『고백록』, 제10권, 제6장

서
문

나는 아주 오랫동안 사람들이 나에게 한 말을 믿어왔다. 처음
엔 부모님이 들려주는 말을 믿었고, 그 다음엔 학교 선생님이
나 사제, 어른들이 하는 말을 믿었으며, 내가 던지는 질문에
해답을 제시하며 응해주었던 모든 사람들의 말을 믿었다. 이
들은 내 눈으로 직접 본 것에 대해 새로운 사실을 알려주었
고, 또 그렇게 해서 나의 내면에는 새로운 물음들이 계속 생
겨났다. 나는 나 자신을 형성하는 이런 물음들에 목말라했기
때문에 내가 들었던 모든 말을 곧이곧대로 받아들였다. 그래
서 나는 나보다 먼저 이 세상에 살았던 사람들이 생각했던 대
로 이 우주를 그리게 되었고, 그들이 들려주는 대로 쳐다보았
다. 이들은 뛰어난 지적 능력으로 구축해낸 개념으로 내 오감
이 도달할 수 없는 부분들에 대해 때론 보태고 때론 대체하면

서 메워주었다. 나는 이들의 인도로 과학에 발을 들여놓았고, 그 후 결코 모든 비밀을 펼쳐 보이는 법이 없는 세계를 열광적으로 발견해 나가기 시작했다.

우리가 세상에 '태어난다(naître)'고 하는 것은 어머니의 몸에서 떨어져 나와 분리된다는 것을 의미하고, 우리가 어머니와 별개의 존재라는 사실을 의식하는 일이다. 한편 우리가 '인식한다(co-naître)'*고 하는 것은 세계를 우리가 마치 그 바깥에 있는 것처럼 바라다보고, 또 세계가 변화하는 모습을 설명해줄 수 있는 모델을 우리 내면에 구축하는 일이다.

하지만 이러한 인식**에는 결코 끝이란 없는 법이다. 과학이 이제까지 감춰져 있던 현실의 모습을 밝혀내고, 자연현상이나 그 과정들을 좀더 잘 이해하며, 설명방식도 점점 더 많은 설득력을 발휘하고 있는 것은 사실이다. 하지만 완전히 이해할 수 있는 경우는 거의 없다. 과학이 제기하는 물음이나 또 여기에 답하는 방식은 언제나 주변 현상의 불투명한 경계

---

* 본래 connaître로 표기되는 단어인데, 20세기 초 프랑스의 대시인 폴 클로델(Paul Claudel)이 처음 이렇게 음절을 분리해서 표기했다. 그럴 경우 '함께 태어나다'로 읽힐 수 있다.

** 또는, '함께 태어남'

선을 맴돌 수밖에 없으며, 실상 그 '안에서' 벌어지는 일을 설명하려면 그것을 '초월하는' 위치에 있는 요인들에 의지하지 않고서는 도저히 설명할 수 없다.

하지만 말의 올바른 의미에서 살펴본다면, 우리는 이 '초월성'으로부터 우리의 입장을 객관적으로 정립시켜주거나 뭔가에 대해 증명해줄 수 있는 그 어떤 것도 이끌어낼 수 없다. 그래서 지구상에 존재하는 거의 모든 문명은 이런 공백을 메우려고 우리의 눈으로도 볼 수 있는 '세계 내'의 존재들을 창조해냈다. 그리하여 우리가 세상을 이해하고 싶어하지만 이러한 욕망이 도저히 채워지지 않는 자리에 종교가 싹트게 되었다. 종교는 이런 물음들에 답변을 들려준다. 나의 경우, 내가 어릴 적부터 접했던 종교는 로마 가톨릭이다. 나는 가톨릭이 들려주는 답변들에 오랫동안, 너무나 오랫동안 안주해왔다. 나의 어린 시절은 온통 가톨릭으로 젖어 있었다. 나는 가톨릭 신앙이 나에게 들려준 것들을 모두 믿었다.

그러다가 의심의 시기가 찾아왔다. 의심은 내가 과학적 사고를 갖게 되면서 더욱 커졌고, 모든 방향으로 번져나갔다. 운 좋게도 내가 속한 세대는 이제껏 너무도 당연하게 여겨오던 것들이 과학 덕분에 케케묵은 관습을 벗게 되어 세상을 새로운 눈으로 바라볼 수 있었다. 19세기는 엄정한 결정론적 태도를 신봉함으로써 마치 미래가 현재로부터 온전히 추출될 수 있다는 믿음을 우리에게 유산으로 물려주었다. 하지만 이런 믿음은 20세기에 들어서면서 여지없이 허물어졌다. 아인슈타인은 그의 특수 상대성과 일반 상대성에 관한 이론을 통해 시간과 공간을 4차원이란 전체 속에 통합시켜버렸다. 한편 보어를 위시한 양자물리학자들은 질료량을 우리가 상상할 수 있는 영역 바깥으로 몰아냈다(위치를 확정할 수 없는 미립자를 어떻게 상상할 수 있단 말인가?). 또한 허블은 안정된 것으로만 여겨왔던 우주의 모습을, 이제는 신화가 되어버린 빅뱅이론을 동원해서 끊임없이 팽창중인 우주로 바꾸어버렸다. 사정은 논리학 분야도 크게 다르지 않다. 왜냐면 논리학은 괴델이 출현함으로써 진위를 가리는 대신에 '결정할 수 없는 것'에 상당 부분을 할애하여, 이제까지 논리학의 고유 영역이라 여겨오던 커다란 부분을 잃어버렸기 때문이다. 마지막으로, 크릭과 왓슨은 생명의 신비를 DNA 내 여러 인자들간의 조합 문제로 환원시켰다.

우리는 이와 같은 현대의 과학적 발견들로 인해 전통적으로 현실을 인식해오던 방식을 송두리째 바꾸지 않을 수 없었다. 우리는 특히 세계에 대한 그 어떤 설명도 확고부동한 것으로 입증되지 않는 한 완전히 믿을 수 없게 되었다.

과학자가 스스로에게 부과하는 지적 노력의 핵심은 그가 자연현상을 연구하면서 얻게 된 결과들을 단순히 끌어모으는 데 있지 않다. 그 핵심은 과학이 일구어낸 성과를 접했을 때 모든 사람이 공감하지 않을 수 없는 과학적 태도의 엄격성에 있다. 우리는 과학적 엄격성이야말로 지식을 넓혀갈 수 있도록 하는 유일한 길이란 사실을 조금씩 조금씩 깨닫고 있다. 이제까지 과학은 엄격한 추론 법칙을 따르는 한편, 성능이 우수한 관찰도구를 활용함으로써 놀라운 발전을 이룩해왔다. 이런 까닭에 이 세상에는 각양각색의 문화와 문명이 있지만, 이러한 차이에도 불구하고 우리 모두는 과학적 태도가 지닌 엄격성을 높이 사게 되며, 세계를 이해하려 할 때 오랜 전설 대신에 합리적이고 검증 가능한 과학적 설명을 기꺼이 택한다. 이리하여 인류 공동의 관심사가 형성되었는데, 그것은 바로 우주를 어떻게 바라볼 것인가 하는 문제이다.

이제는 전세계적으로 하나가 되어버린 이 시각은 과학에

의해 현실의 새로운 모습이 밝혀질 때마다 발전을 거듭한다. 오늘날 과학자들은 어느 분야, 어느 나라, 어떤 문화권에 속해 있건 간에 한 몸이 되어 활동한다.

이해 가능한 세계, 즉 우리가 속해 있고 또 우리가 우리의 감각이나 지성, 도구를 이용해서 도달할 수 있는 세계에 대한 이와 같은 태도는, 우리가 초월적 세계를 파악하는 방식에도 영향을 주지 않을 수 없었을 것이다. 초월적 세계란 우리를 에워싼 실제 현실 바깥에 있지만, 현실에 영향을 미치는 것으로 간주되는 원인들의 총체를 이루는 가정적 세계를 일컫는다. 따라서 종교가 설파하는 초월적 세계도 이와 같은 과학적 발견에 따른 새로운 시각을 반영해야 마땅하다. 헌데 종교는 오히려 거부반응을 보인다. 왜냐면 대개의 종교는 스스로 진리, 나아가 모든 진리를 거머쥐고 있다고 자부하기 때문이다. 종교는 이런 독단 때문에 과학이 놀라운 발전을 이룰 수 있었던 요소인 그 체계적인 의심을 품어볼 엄두를 내지 못한다.

갈릴레오의 예를 생각해보자. 갈릴레오가 천동설 대신 지동설을 주장했을 때, 이러한 과학적 발견은 천문학자들 사이의 논란거리로만 남을 수도 있었다. 그러던 것이 바티칸의 추기경들이 거세게 들고일어나는 바람에 떠들썩한 사건으로 확대되었다. 갈릴레오의 발견이 엄청난 파장을 몰고 올 수 있다는 사실을 간파했기 때문이다. 그들은 하느님의 아들이 맡은 역할이 도전받고 있다고 생각을 했다. 도대체 어떻게 하느님의 아들인 예수 그리스도께서 우주의 중심이 아닌 다른 곳, 그저 그렇고 그런 별 가운데 하나인 지구에 현현하실 수 있단 말인가? 갈릴레오는 자기가 발견해낸 과학적 사실이 기독교 교리와 크게 상충하지 않을 시기가 올 때까지(그로부터 4세기 후) 입을 다물어야만 했다.

최근에 이루어진 과학적 성과들이 종교교리에 제대로 반영되지 못하는 현실은 참으로 이해하기 힘들다. 오늘날 과학은 우주의 기원이며 생명의 기원과 같은 근원적 문제들에 대해 새로운 전망을 제시하고 있는데, 이런 문제들이야말로 종교가 언제든지 특별한 관심을 기울이던 것들이 아니던가. 오늘날 과학이 '현상세계'에 대해 가히 혁명적인 견해를 내놓음으로써, '초월적 세계'에 대한 담론도 그 영향을 받지 않을 수 없었을 것이다. 따라서 당연히 종교에서 사용하는 용어도 달라지고, 그 의미도 보다 명확해져야 했을 것이다.

하지만 애석하게도 우리는 지적 게으름 탓에 예전부터 써

오던 공허한 말들만 기계적으로 되풀이할 따름이다. 사실 이런 말들도 처음엔 그렇지 않았겠지만, 이제는 알맹이를 잃어버리고 겉돌게 된 말들이다. 우리는 생각의 빈곤을 감추기 위해서 입가에 떠도는 이미 굳어져버린 이런 공허한 말들을 자주 사용하곤 한다. 그래서 마치 만든 사람의 의도와는 상관없이 제멋대로 움직이는 로봇처럼, 우리는 별 생각 없이 이런 말들을 되뇐다. 더욱이 우리가 쉽게 근접하기 힘든 영역에 관해 말을 할 때는 이런 경향은 더욱더 심해져서, 그럴 때 우리가 하는 말은 생각을 표현한다기보다 그저 소리를 내지른다고 해야 보다 정확할 것이다. 이미 수백 번도 더 들어보았을 실내악이 우리의 살아 있는 지성을 대신하고, 우리의 사고를 잠재워버리기 때문이다.

종교 제도권도 사정은 다르지 않다. 종교인들은 교리가 조금이라도 바뀌면 도미노 현상처럼 모든 체계가 한꺼번에 허물어지지나 않을까 매우 두려워한다. 그래서 이들은 과거에나 통용되었을 법한 시대착오적 교리도 어떻게 해서든 고수하려 든다(성모 마리아의 무구수태無垢受胎에 관해 이야기할 때 이 문제를 다시 언급할 작정이다). 하지만 지금은 과학이 그랬던 것처럼, 종교도 스스로에게 체계적으로 의심을 품어봐야 할 때이다. 과학이 겪었던 과정이 도움이 될 수 있다.

이제 종교도 적극적으로 규명에 나설 시기이다. 하지만 그러려면 어느 이름난 신문기자가 했다는 말처럼 "이 모든 것에 신이?"란 입장이 아니라, "이 모든 것에서 나는?"이란 의문을 품을 마음자세가 되어 있어야 한다. 만일 그렇지 못하고, 우리가 종교를 가졌다 하더라도 현실을 보다 심오하고 진실되게 보지 못한다면, 대체 그런 믿음을 가진다 한들 무슨 소용이겠는가?

잘 알다시피, 인간은 스스로 존재한다고 의식하기 때문에 존재의 문제를 탐구해왔고, 오늘의 현실을 확인하는 중에 미래를 예견해왔다. 우리는 바로 이 같은 인간적 속성 때문에 앞날에 대한 계획을 세우게 되고, 스스로에게 목표를 부과한다. 이런 까닭에 실상 우리는 현실세계 너머의 문제보다는, 지금 이 순간의 문제에 보다 관심을 갖게 마련이다. 나는 아직 오지 않은 앞으로의 삶을 수동적으로 맞이하는 대신에, 어떻게 하면 보다 적극적으로 이 삶을 이끌 수 있는가? 이 삶에는 어떤 의미를 부여할 것인가? 그 어떤 생생한 말로 이 삶을 이끌 것인가?

과학은 20세기에 들어서서 세계를 보는 새로운 시각을 열어주었을 뿐만 아니라, 이와 같은 근본적 질문들에 답할 수 있는 새로운 길도 열어주었다. 인간됨이란 인간 공동체 내에서 다른 사람들과 함께 어울려 살아야 하는 존재임을 말한다. 헌데 오늘날 사람들이 서로 접촉하는 방식은 그 어느 때보다도 급격한 변화와 기술의 발달로 대변혁을 맞고 있다.

인류는 지난 1백 년간 4배로 불어났다. 1900년에 15억이던 세계 인구가 2000년에는 60억에 이른 것이다. 이러한 인구 증가는 역사상 유례가 없다. 이 같은 엄청난 인구 증가로 생겨나는 환경 문제 또한 미증유의 국면을 맞고 있다.

통신수단이 눈부시게 발달하여 인류의 삶은 완전히 변화했다. 교통수단의 발달도 마찬가지이다. 얼마 전까지만 해도 지리적으로 멀리 떨어져 있는 사람들이 만나기 위해 길을 떠나는 경우 오랜 옛날에 걸렸던 것과 거의 비슷한 시간이 소요되었다. 이를테면 19세기의 소설가 스탕달이나 기원전 49년의 율리우스 카이사르가 파리를 떠나 로마에 도착하는 데 걸리는 시간은 같았다. 하지만 그 후 기차가 등장하고 비행기가 발명되자 몇 주나 며칠 걸리던 여정은 몇 시간으로 줄어들었다. 한 세기 전만 하더라도 서신이나 물자가 교환되는 시간은 사람이 이동하는 시간과 비슷하게 걸렸다. 하지만 전기가 발명되고 헤르츠파를 사용하게 된 지금은 통신이 지구 곳곳에서 동시에 이루어지는 세상이다.

오늘날 우리 곁으로 점점 더 깊이 파고드는 통신망이나 기술의 발달로 사람들 사이의 의존성은 더욱 높아지고 있으며, 공유하는 영역도 점차 확대되고 있다. 이에 따라 사람들간의 관계는 물론, 우리가 지역사회나 세계 전체와 맺는 관계도 달라져야 할 것이다. 그렇다면 오늘날 인류가 함께 지향해야 할 목표는 무엇인가? 또, 인류는 어떤 기준에 따라 이러한 변화에 부응해야 하는가?

나는 이 물음에 답하기 위해서 아직 시도한 적이 없는 길을 새로 개척하기보다는, 수천 년에 걸쳐 우리에게 전래되고 있는 문화 · 종교적 유산을 새로운 눈으로 검토해보고자 한다. 나는 어린 시절부터 로마 가톨릭교회의 영향을 받고 자랐기 때문에, 가톨릭교회가 '세상 너머'로부터 왔기에 바꿀 수 없다고 주장하는 확언들을 나의 탐구의 출발점으로 삼고자 한다.

구체적으로, 내가 탐구할 대상은 서기 325년 니케아 공의회에서 채택된 이래 오늘날까지 변치 않고 전해지는 '사도신경(使徒信經)'이다. 나는 이제 사도신경을 한 구절 한 구절씩

살피면서 구절들이 현대의 관점에서 볼 때 어떤 의미를 가지며, 또 오늘날의 과학과 어떤 연관을 맺을 수 있는지 검토해 볼 생각이다.

저는
믿나이다…

사도신경은 첫 단어에서부터 종교적 태도와 과학적 태도 사이의 갈등을 드러낸다. '믿는다'란 말은 종교에서는 가장 중요한 말인 반면에, 과학에서는 전혀 쓰이지 않는 말이다. 이 말은 신앙인에게 무엇을 의미하는가? 또 이 말은 과학자에겐 무엇을 의미할 수 있는가?

믿는다는 행위와 신앙

사실상 '믿는다'란 동사에는 의미가 아주 다른 두 가지 뜻이 있다. 하나는 말하는 사람의 진지성을 인정한다는 뜻이고, 다른 하나는 사실의 진실성을 인정한다는 뜻이다. 예를 들어, 누군가가 내가 모르는 어떤 일을 이야기했을 때 내가 그 사람에게 "나는 당신을 믿습니다"라고 했다면, 이 말은 "나는 당신이 당신 자신의 신념에 따라 말한다는 사실을 의심하지 않는다"란 뜻이다. 한편 "나는 그것을 믿는다"라고 했다면, 이 말은 "당신이 말한 것처럼 그 일이 실제로 있었다는 사실을 의심치 않는다"는 뜻이다. 이를테면 1917년 파티마의 기적을 목격했던 사람들이 나에게 태양이 하늘에서 요동치는 광경을 보았다고 말했을 때, 나는 그들의 말을 믿을 수 있다. 그렇다, 그 사람들은 자기네들이 봤다고 하는 광경을 틀림없이 보았다. 하지만 나는 그들이 봤다고 하는 장면에 대해서는 전혀 믿질 않는데, 왜냐면 똑같은 순간 수백만의 다른 사람들은 태양이 평소와 다를 바 없었다고 말하기 때문이다. 나는 기적을 목격한 증인의 말은 믿을 수 있지만, 그가 전하는 기적의 내용은 믿지 않을 수도 있는 것이다.

하지만 우리가 종교적으로 "나는 믿는다"라고 했을 때, 이 말은 방금 지적한 이중적 의미 이외에 또 다른 모호함을 동반한다. 종교에서 '믿는다'란 말은 신앙을 사실로 인정한다는 뜻이거나, 신앙이 우리 마음속에 자리잡도록 노력한다는 뜻이다.

'믿는다'의 첫 번째 의미는 내면의 현실을 인정하는 것으로, 사실 우리는 어떤 과정을 거쳐서 그런 결과에 이르는지 알지 못한다. 하지만 일단 신앙이 생기면 이를 정당화할 필요도 없으며, 그 기원이 무엇인지 굳이 정체를 밝히지 않아도 된다. 폴 클로델이 어느 크리스마스 저녁 노트르담 성당에서 한순간에 깨달았던 것처럼, 어쩌면 그 기원은 시간의 한계를 뛰어넘는 것일 수도 있다.

'믿는다'의 두 번째 의미는 이와는 전혀 성격이 다르다. 왜냐면 이 말은 주체가 신앙을 스스로 지향해야 하는 목표로, 혹은 이성과 감정이 함께 이끄는 여정의 종착점으로 설정하는 적극적 행위를 뜻하기 때문이다. 그 극한적 예가 바로 17세기 프랑스의 천재 수학자 파스칼이다. 파스칼은 마치 은행가가 주식시장에서 주식을 살 때와 마찬가지로, 우리에게 신의 존재에 대해 도박을 걸어보라고 한다. 우리가 신이 존재하는 쪽을 선택한다면 우리는 승리를 거둘 따름이며, 만일 그렇지 않고 신이 존재하지 않는 쪽을 택한다면 잃을 게 뻔하기 때문에 망설일 까닭이 없다고 말한다…… 그래서 우리는 영리하게 선택을 하기만 하면 되는데, 즉 확률로 따져서 불확실성을 제어할 만큼만 영리하면 그것으로 족하다는 것이다. 이처럼 우리는 파스칼의 논리에 의거해서 종교를 가져볼 수는 있지만, 이 논리가 개인의 신앙을 싹트게 할 가능성은 거의 없어 보인다. 심지어 다른 여러 이유로 해서 신앙을 갖게 된 사람들의 관점에서는, 이런 논리에 따라 갖게 되는 신앙은 어쩐지 의심스러워 보이기까지 한다.

사실상 수많은 사람들이 자기가 종교적 믿음을 가지고 있다고 말한다. 헌데 어떤 연유로 해서 신앙을 갖게 되었든지 간에, 신앙을 가진 모든 사람들은 자기 자신에게서 이러한 믿음을 확인하고, 또 그 믿음이 과연 무엇인지에 대해 진지하게 생각을 한다.

이들 중 어떤 이들은 신앙이 외부로부터의 부름에서 비롯되었다고 여긴다. 이들은 현실 너머로부터 우리에게 전해지는 말씀에 응해서 '믿게' 되었다고 말한다. 이 말씀은 특별한 능력을 가진 인물, 이를테면 모세나 마호메트와 같은 예언자를 통해서 우리에게 전해진다. 헌데 이들 예언자들은 우리와 마찬가지로 이 세상 사람이긴 하지만, 이 세상이 아닌 다른 곳으로부터 오는 말씀을 듣는 능력이 있는 사람으로 여겨진다. 그래서 이들 예언자가 보였던 특별한 능력은 '저 너머'가 '이 세상'에 개입을 했던 특별한 사건으로 인간의 역사에 기록되었다. 어떻게 이런 일이 있을 수 있는지는 설명될 수 없으며, 단지 있었다는 사실만 확인될 따름이다.

한편 어떤 이들은 피할 수 없는 죽음에 대면해서 뭔가 '안전한 확신의 보금자리'를 얻고자 하는 의도에서 믿음을 갖기도 한다. 이때의 믿음이란 인간적 특성이 발현된 것으로, 우리의 의식(意識)이 불투명한 내일에 대한 의문으로 가득한 데서 비롯한다고 할 수 있다. 왜냐면 우리가 지대한 관심을 쏟는 미래는 사실상 우리의 상상 속에만 존재하기 때문이다. 미래는 아직 이 세상에 있지 않다. 따라서 우리는 미래를 이 세상 너머에 속하는 일로 여길 수밖에 없다. 우리는 미래에 대해 전혀 알 수 없기 때문에 내세에 관심을 쏟는 것은 어쩌면 당연한 일인지도 모른다. 마찬가지 이유로, 우리는 내세에서 그 해답을 얻고자 한다.

하지만 종교만이 미래에 대해 해답을 제시하는 것은 아니다. 과학도 그러하다. 과학은 변화하는 현실 속에서 규칙성을 찾아내어 우리가 미래를 느끼고 추측할 수 있게 해준다. 하지만 과학은 믿음이 아니라, 서서히 지식을 구축해 나감으로써 그렇게 한다.

믿음과 탐구

과학자가 지닌 기본적 출발점은 우리가 몸담고 있고, 우리 자신이 구성원이기도 한 세계의 현실을 인정하는 일이다. 과학자가 취하는 태도는 '믿음'이 아니라, 그것이 전제되지 않고서는 단 한 걸음도 전진할 수 없는 탐구라는 전제조건이다. 물론 과학자는 합리성을 잃지 않은 채 이와는 다른 태도를 취해볼 수도 있다. 예컨대, 생각하는 주체에게 존재하는 유일한 현실이란 그가 느끼는 감각의 총체라고 규정해볼 수도 있다. 사실 이러한 태도는 과거 몇몇 유아론(唯我論) 철학자들이 취했던 태도로, 논리적으로 볼 때 언제나 참임을 주장할 수 있는 장점을 가지고 있다. 예를 들어, 내가 어떤 방에 어떠한 관찰기구도 없이 눈을 감고 있다고 가정한다면, 방 안에는 아무것도 없는 셈이나 마찬가지라는 논리이다. 내가 눈을 뜨거나 관찰기구를 작동시킬 때라야 비로소 방안의 사물들이 존재한다고 보는 것이다. 상황이 이러할 때, 그 누구도 내가 경험적으로 잘못됐다고 말할 수는 없는 일이다. 하지만 이러한 태도는 일종의 유희로서, 결코 과학적이라 할 수 없다. 칼 포퍼가 말했듯이, 모든 이론은 검증이 가능할 때라야 비로소 과학적이라 할 수 있기 때문이다.

이처럼 과학자는 굳이 외부 현실을 '믿어야' 할 필요성을 느끼지 못한 채, 다만 현실의 존재를 있는 그대로 받아들이는 입장이다. 더불어서, 과학자는 자기가 감각적으로 받아들이는 정보들이 외부 현실에서 비롯하는 것으로 간주한다. 바로 이와 같은 외부 현실을 묘사하고, 현실에서 일어나는 현상들을 설명하려고 노력하는 것이 과학자의 임무이다.

과학으로 현실을 묘사할 때

과학이 현실을 묘사하기 위해 사용하는 말은 현실의 새로운 모습들이 관찰을 통해 밝혀짐에 따라 함께 변화한다. 우리가 방금 지나온 20세기 동안 과학은 그 어느 때보다도 무수한 신조어를 만들어냈으며, 수많은 단어의 의미를 바꾸어놓았다.

예를 들어, 물질을 구성하는 최소 단위를 보자. 오늘날 과학에서 말하는 물질의 구성인자는 과거에 자주 언급되던 원자와는 전혀 다른 모습이다. 실상 원자(原子)는 이 단어가 지닌 어원적 의미*와는 달리, 더 이상 쪼개지지 않는 최소 단위가 아니다. 왜냐면 원자는 하나의 핵과 그 주변의 수많은 전자들로 구성되어 있기 때문이다. 한편 원자핵은 핵대로 핵자(核子, 양자와 중성자)들로 구성되어 있으며, 또 핵자는 각기

* 원자(atom)는 어원적으로 '분할되지 않는' 이란 뜻이다.

세 개의 쿼크로 이루어져 있다. 물질은 이보다 더 작은 단위로 분할될 수는 없는 것일까? 어쨌든 물질의 가장 기본적인 구성단위로 밝혀진 이 소립자(素粒子, elementary particle)는 어떻게 이루어져 있는가?

오늘날 미립자(particle)란 말은 1백 년 전 물리학자들이 쓰던 의미와는 상당히 다르다. 예를 들어, 미립자 가운데 하나인 전자(電子)만 보더라도, 내가 고등학교에 다니던 시절 배웠던 것과는 달리, 이제는 더 이상 원자의 핵 주위를 도는 작은 알갱이로 보지 않는다. 현대물리학은 전자가 우리의 감각을 뛰어넘는 것으로, 오로지 특수한 측정도구를 사용해야만 관찰할 수 있는 것으로 여긴다. 전자는 위치나 궤도 따위의 뚜렷한 매개변수를 사용해서 설명할 수 없는 존재로 그려진다. 전자가 어느 위치, 어느 순간에 있는지를 확인시켜주는 유일한 근거는 '파동함수'를 사용할 때이다.

물론 우리의 감각으로 관찰 가능한 대상들은 여전히 예전에 쓰던 용어를 빌어서 묘사하고 있지만, 이보다 작은 크기의 대상들에 초점을 맞출 때는 같은 용어를 쓰더라도 그 뜻이 전혀 다르다. 예를 들어, 현대물리학은 앞서 언급한 전자와 같은 미립자를 묘사할 때 그 위치를 확정할 수도 없고 개별화시킬 수도 없기 때문에 예전과는 완전히 다른 방식으로 그리며, 새로운 개념들을 도입해서 설명한다.

세상을 들여다보는 새로운 시선들

과학자가 현실에서 일어나는 현상을 설명하려면 새로운 가설을 만들어서 하나의 '모델'을 제시하는 방법을 써야 한다. 예를 들면, 과학자는 위치나 속도, 가속, 질량, 힘 등의 개념을 정의하고, 이 요소들이 서로 얽혀서 작용하는 양태를 수학적 도식을 사용해서 묘사한다. 이처럼 과학적 모델이란 인위적으로 구축하는 것이기 때문에 부분적이고 잠정적일 수밖에 없다. 따라서 그 누구도 과학적 모델을 '믿지'는 않는다. 과학적 모델의 가치를 판단하는 유일한 기준은 우리가 이 모델을 통해서 관찰된 현상을 이해할 수 있으며, 앞으로 일어날 현상을 예측할 수 있는가 하는 점이다. 그렇기 때문에 과학자는 만일 새로운 현상이 나타났을 때 제시된 모델과 부합하지 않게 되면, 아무런 미련 없이 새로운 모델을 찾아나선다.

자연현상을 보다 충실하게 이해하려는 노력의 일환으로 새로운 개념들이 연이어 고안되고 대체되어 가는 모습을 가장 잘 보여주는 대표적 사례는 바로 천문학 분야이다. 천문학은 코페르니쿠스와 갈릴레오 이후, 태양 주위를 도는 행성들의 움직임에 관해 점점 더 정교한 이론을 만들어나갔다. 행성의 움직임이 나타내는 규칙성을 어떻게 설명할 것인가? 뉴턴이 제시한 모델은 인력(引力), 즉 질량을 가진 두 물체 사이에 작용하는 만유인력에 근거한 이론이었다. 이 이론은 $F=G\frac{mm'}{d^2}$ 라는 간단한 공식을 통해 표현된다. m과 m′은 각기 질량을 가진 두 물체를 말하며, d는 두 물체 사이의 거리, G는 만유인력 상수(常數)를 나타낸다. 따라서 우리는 이 공식을 이용하면 간단한 수학 계산만으로 태양 주위를 도는 행성들의 움직임을 멋지게 산출해낼 수 있다. 따라서 뉴턴의 모델은 유효하다고 말할 수 있다.

하지만 뉴턴의 이론은 태양에서 가장 가까운 행성인 수성의 움직임에 관해서는 제대로 설명하지 못하는 약점이 있었다. 뉴턴의 이론은 궤도를 도는 수성의 위치는 정확하게 예측해내지만, 수성이 어째서 그와 같은 궤도를 따라서 도는지에 대해서는 설명하지 못하기 때문이다. 뉴턴의 이론이 노정하는 문제점은 새 이론, 즉 아인슈타인의 일반 상대성 이론이 등장함으로써 해결되었다. 이리하여 아인슈타인이 제시한 모델이 뉴턴의 모델을 대체하게 되었다. 헌데 이 과정은 단순히 이제까지 통용되던 과학적 모델이 다른 모델에 의해 대체되었다는 사실만을 의미할 뿐 아니라, 우주를 바라보는 시각에 대전환이 초래되었다는 사실을 의미하기도 한다. 왜냐면 만유인력을 대신해서 시공(時空)의 휨 현상이란 새로운 개념이 자리잡게 되었기 때문이다. 아인슈타인의 이론에 따르면, 태양의 질량으로 주변의 행성들이 영향을 받는데, 그 결과 우주 공간 두 지점 사이의 가장 가까운 거리는 직선이 아니라 측지선, 즉 가장 짧은 곡선인 것으로 밝혀졌다(마찬가지로, 파리를 떠나 뉴욕을 향해 날아가는 비행기는 직선이 아니라, 커다란 곡선 모양을 이루는 지구의 측지선을 따라서 간다). 더불어, 지구의 자전에 대해서도 더 이상 만유인력에 의거해서 설명하지 않게 되었다. 대신 지구는 매년 같은 지점에 이르도록 하는 측지선을 따라 '똑바로' 진행한다고 한다.

　뉴턴의 모델이 아인슈타인의 모델로 바뀌게 된 것은 믿음이 달라졌기 때문이 아니라, 새로운 개념이 세상에 모습을 드러냈기 때문이다. 하지만 그렇다고 해서 아인슈타인의 이론이 뉴턴의 이론보다 더욱 '진실하다'고는 말할 수 없다. 다만 아인슈타인의 이론은 뉴턴의 이론보다 자연현상에 더 근접하기 때문에 선호될 따름이다.

이보다는 덜 알려져 있긴 하지만 비슷한 중요성을 지닌 또
다른 발견으로 우주의 확장에 관한 이론을 들 수 있다. 1920
년대에 천문학자들은 우주가 팽창중이란 사실을 알게 되었
다. 또 천체가 팽창함으로써 은하들 사이의 거리가 점점 더
멀어지고 있으며, 멀리 있는 은하일수록 더욱 빠른 속도로 거
리가 멀어지고 있다는 사실을 알게 되었다. 그런데 우주가 지
금처럼 팽창일로에 있다고 한다면, 이는 반대로 아주 먼 옛
날, 다시 말해 지금으로부터 150억 년 전에는 우주가 한 덩어
리였다는 말이 된다. 바로 그 유명한 빅뱅이론이다. 하지만
이 이론이 정당한지 어떻게 알 수 있는가? 이 이론으로부터
여러 가정을 이끌어내고, 또 이것을 관측하여 검증하는 방식
을 통해서이다.

1948년 물리학자 조지 가모프가 빅뱅 직후 그 후 150억 년
동안의 냉각기를 거친 뒤의 우주의 온도를 대략적으로 측정
하는 연구에 몰두했다. 그는 은하 사이의 허공을 통과하는 빛
이 절대온도 6도 가량이라는 결론을 내렸다(다시 말해, 우리가
사용하는 온도계의 영하 273도를 절대 영점으로 할 때 영상 6도).

하지만 그가 이런 연구결과를 발표했을 때 일반인들은 전혀 반응이 없었다.

그로부터 17년 후 통신 분야에서 일하는 두 기술자가 우연히 우주 내에 잔여 광선이 존재한다는 사실을 발견하게 되었다. 그래서 측정해본 결과 우주의 온도가 절대온도 3도가 조금 안 되는 것으로 밝혀졌다. 애초에 우주의 온도를 측정했던 가모프의 예측이 약간 빗나간 것이다. 하지만 150억 년에 걸쳐서 행해진 과정을 추적한 끝에 얻게 된 이 정도의 착오는 전혀 나무랄 바가 못 된다. 중요한 것은 우주 내에 잔여 광선이 실제로 존재하며, 그 존재방식이 빅뱅이론에 따라 예측한 대로라는 사실이다. 그렇다고 해서 우리가 빅뱅이론을 '믿을' 필요는 없으며, 다만 또 다른 새로운 이론이 나와서 이를 대체하기 전까지는 그래도 유효한 이론으로 간주하는 정도이다.

논리의 한계

요컨대 과학이 제시하는 앎의 과정은 어떠한 점에 있어서도 종교의 믿음과는 상관이 없다. 오히려 과학은 종교와는 정반대로, 결코 의심을 늦추는 법이 없다. 심지어 과학은 추론의 논리 자체를 의심하기도 한다. 실상 논리학은 스스로의 논리에 한계가 있으며, 의미를 지닌 명제는 진위를 가릴 능력이 없다는 사실을 스스로 입증하기까지 한다.

논리학이 자체 내에 안고 있는 불완전성은 1931년 오스트리아의 철학자이자 수학자인 괴델이 발표한 불완전성 정리에 의해 입증되었다. 그는 모든 이론, 심지어 탄탄한 기초 위에 수립된 대수학조차 자체 내에 '결정할 수 없는' 부분이 존재한다는 사실을 밝혀냈다. 다시 말해, 논리 체계가 기초하고 있는 모든 공리는 필연적으로 불완전할 수밖에 없다. 따라서 이러한 공리에 근거해서 모든 명제의 진위를 가릴 수는 없는 노릇이다.

한편 18세기 수학자인 골드바흐는 어떤 연유에서인지는 모르지만 모든 짝수는 두 소수(素數, 즉 1과 자신 이외의 양의 약수를 갖지 않는 수)의 합으로 나타낼 수 있다는 사실을 발견해냈다(예를 들어, $100 = 47 + 53$, $102 = 5 + 97$, $104 = 37 + 67$). 하지만 이 성질은 모든 짝수에 해당되는가? 현재까지는 컴퓨터를 사용해서 100000자리까지는 참인 것으로 확인이 되었지만, 이 사실만으로 골드바흐의 추측이 참인지는 알 수가 없다. 아마도 골드바흐의 추측이 참이라 밝혀지려면 대수학을 정립했던 여러 공리 이외에 또 다른 공리가 새로 탄생해야 가능해질 것처럼 보인다. 하지만 그런 날이 설사 오더라도 잠시일 뿐이다. 왜냐면 제2의 골드바흐가 출현을 해서 또다시 대수학에 결정할 수 없는 난제를 던질 테니 말이다. 그 후로도 이러한 과정은 끝없이 반복될 것이다.

또 다른 예로, 무한의 개념을 들어보자. 우리는 무한이란 개념을 초등학교 시절 정수(整數)를 배우면서 처음으로 접했다. 정수는 끝이 없기 때문이다. 그런 다음 우리는 중학교를 다니면서 실수(實數)이긴 하지만 소수점이 끝없이 이어지는 경우들을 접하면서 또 다시 무한의 개념을 만나게 된다. 이를 테면 $\pi=3.14159\cdots$, $\sqrt{2}=1.414\cdots$ 등의 경우이다. 우리는 독일의 수학자 칸토어(1872년) 이후, 정수의 초한수(超限數)는 실수의 초한수보다 작다는 사실을 알게 되었다. 그렇다면 정수의 초한수보다는 크고, 실수의 초한수보다는 작은 초한수들의 집합은 존재할 수 없는가? 이 문제를 괴델의 제자 한 명이 이미 다룬 바 있다. 그는 답이 '참'일 경우 이를 거짓 명제로 보거나 또는 답이 '거짓'일 경우 거짓 명제로 판단할 수 없기 때문에, 이 물음에 대한 답은 결정할 수 없다는 점을 증명했다. 참과 거짓 중 어느 쪽을 선택하느냐는 믿음의 문제가 아니라, 우리가 대수학의 기초를 이루는 전체 공리 중에서 무엇을 선택할 것인가 하는 자유의 문제이다. 이와 같은 불확실성은 두 답변 중 하나를 임의적으로 선택하도록 하는 믿음의 문제라기보다, 결정적인 답변은 있을 수 없다는 결론에 만족하도록 촉구하는 태도이다.

과학의 모험은 끝이 있을 수 없다. 우리는 언제고 미지의 사실에 부딪히게 될 테고, 또 그것을 이해하려는 노력을 결코 포기하지 않을 것이다. 이러한 태도야말로 인간이란 종(種)이 가진 가장 특징적인 태도이다. 성경에는 "온 땅 위에 퍼져라. 땅을 정복하여라"란 구절이 있다. 인간은 이 목표를 뛰어넘으려 한다. 하지만 과학자가 우주의 매혹적인 현실에 한 걸음이라도 가까이 가려 하는 이유는 정복하기 위해서가 아니라 탐구하기 위해서이다. 과학자는 자기가 정한 목표에 도달하려고 자기가 가진 모든 에너지, 모든 지성을 쏟아붓는다.

우리는 사랑을 하지만 도저히 접근할 수 없는 사람에 대해서는 적어도 그 사람의 모습만이라도 간직하길 소망한다. 그래서 우리는 가능하면 사랑하는 사람을 그대로 빼닮은 초상화를 그려보기도 한다. 이렇게 해서 만들어진 초상화는 물론 그리는 사람의 테크닉이나 관점에 따라 달라질 수 있다. 브라쌍푸이 동굴에서 발견된 비너스 상이나 크라나크의 이브, 모딜리아니가 그린 잔느 에뷔테르느의 초상화는 모두 한 여인을 대상으로 그린 초상화일 수도 있었을 것이다.

과학자가 취하는 태도도 크게 다르지 않다. 과학자는 가능한 한 현실에 충실한 모델을 구축하려 노력한다. 물론 과학자는 자기가 만든 모델이 현실이 아니라는 점을 잘 알고 있다. 또한 그는 자기가 언젠가 현실에 도달할 수 있으리라 생각하지도 않는다. 그는 다만 현실에 조금이라도 가까워지기만을 기대할 따름이다.

저는 그분만을
믿나이다

당연한 얘기지만, 우리의 사유는 사유 불가능한 것은 사유할 수 없는 법이다. 우리는 사유가 불가능한 것에 관해 추측만 해볼 뿐, 결코 우리의 사유로 어찌할 수 없다. 우리의 사유체계가 지닌 한계이다. 따라서 우리는 사유 불가능한 것에 대해 말할 때는 애초부터 이 부분은 이성적 영역에 편입될 수 없다는 점을 인정한 채, 우리의 이성으로 이해할 수 있는 옷을 입혀 말하는 수밖에 없다.

기독교회도 이 점에서 예외는 아니다. 교회는 우리의 이성을 뛰어넘는 문제들에 접근하면서도 우리가 이해할 수 있는 언어로 말을 한다. 가장 대표적인 예로 유일신을 섬기는 종교의 경우를 보자. 유일신 종교는 신은 '하나'란 점을 강조함으로써, 우리의 이성을 초월하는 저 세상과, 과학 가운데 가장 기초적인 과학이랄 수 있는 대수학 사이에 연관을 맺고 있다. 사실 "저는 신만을 믿나이다(Credo in unum Deum)"란 라틴어 문장은 의미가 명확하다. 반면에 똑같은 문장을 프랑스어로 표현할 때(Je crois en un seul.…)는 부정관사이자 수(數)를 나타내기도 하는 'un'의 존재 때문에 의미를 명확히 할 필요가 있다. 그래서 'un'이 수를 나타낸다는 점을 강조하려면 이 단어 다음에 '오로지(seul)'란 말을 붙여야 할 텐데, 그렇게 되면 '신이 고독하게 홀로'라는 뜻으로 들릴 수도 있기 때문에 신의 속성과는 잘 맞지 않는다.

종교의 기원을 예수 그리스도보다 20세기 가량 먼저 살았던 유대인의 시조 아브라함에 두든, 또는 예수 그리스도보다 14세기 가량 이전에 살았던 파라오 아케나톤에 두든 간에, 유일신을 섬긴다고 주창하는 종교들은 모두 신의 유일성을 교리의 토대로 삼는다. 하지만 과학적 엄정성과는 가장 멀리 떨어져 있는 개념인 신을 일컬으며 대수학적 정의를 적용한다는 점은 분명 문제가 있다. 비록 셈이 1에서 멈추긴 했지만, 과연 신은 셀 수 있는 존재란 말인가?

수의 개념

유일신교는 신을 말하면서 수를 언급하기 때문에, 과연 수란 무엇이며 또 우리 인간은 어째서 수를 사용하게 되었는지 살펴볼 필요가 있다. 오늘날 논리학자들이 수의 개념에 관해 제시하는 이론들은 복잡하기 짝이 없지만, 엄정을 기하기 위해 나름대로 이를 간략하게 소개하고자 한다.

예를 들어, 수학자 존 폰 노이만은 수의 개념을 다음과 같이 설명한다. 물건을 쌓아서 두 더미를 만드는데, 하나는 포크로 가득 쌓고, 다른 하나는 찻잔을 가득 쌓아올린다고 가정해보자. 그런 다음 스스로 다음과 같은 질문을 던져보라. "이 두 더미는 서로 다른 더미인가?" 우리가 포크와 찻잔을 구별할 줄만 안다면 대답은 "그렇다"일 것이다. 이번에는 각 더미로부터 물체를 약간씩 끄집어낸다. 그런 다음 또다시 똑같은 질문을 던져도 대답은 여전히 "그렇다"일 것이다. 하지만 각 더미로부터 계속 몇 개씩 끄집어내다 보면 결국엔 포크와 찻잔이 하나도 남지 않게 되는 순간이 반드시 오게 된다. 이때 또다시 같은 질문을 던지면, "아니다"란 대답을 하게 될 것이다. 그렇긴 하지만 포크가 완전히 사라져버린 더미와 찻잔이 완전히 사라져버린 더미를 구별하는 것은 불가능하다. 왜냐면 두 더미는 모두 텅 비어 있기 때문이다. 두 더미는 이제 구별이 불가능하다. 내용이 없는 더미는 모두 동일하다. 마침내 수학자는 이렇게 선언한다. "나는 비어 있는 더미를 '영(霙)' 이라 부르고, 비어 있는 더미들의 집합을 '하나'라고 부른다". 이렇게 정하고 나서부터는 수를 세기가 쉬워지는데, 둘이란 내용물이 없는 공집합과 공집합들의 집합을 합한 집합을 이르게 되며, 마찬가지 방식으로 끝없이 수를 열거해 나갈 수 있다.

이처럼 수를 구축해 나가는 방식이 역설적으로 보이는 까닭은 처음부터 수는 내용물이 없는 텅 빈 상태를 출발점으로 삼아 이루어졌기 때문이다. 유일성을 담보하는 것은 바로 이 텅 빈 상태이다. 사실상 두 집합은 집합을 이루는 원소가 무엇이고 원소의 수가 얼마나 되는지에 따라서만 구별이 가능하다. 하지만 채울 수 있는 원소가 없을 때는 구별이 불가능하다.

텅 빈 전체

폰 노이만이 수의 개념을 설명하는 과정에서 볼 수 있었던 것처럼, 유일신 종교에서 신의 존재를 하나란 숫자와 연관짓는 것은 마치 유일신 사상에 이르려면 그 전에 반드시 무신론을 거치기라도 해야 하는 것처럼, 공허에 대한 사색을 전제로 한다. 이 점에 관해서는 고대 이집트 예술가들이 자기 백성들에게 유일신을 부과하고자 했던 파라오를 어떻게 재현했는가를 눈여겨볼 필요가 있다. 이집트 텔 엘 아마르나에 있는 어느 부조(浮彫)에는 파라오 아케나톤이 네페르티티 여왕과 함께 태양을 숭배하는 모습이 새겨져 있다. 사실 내가 보기엔 부조에 새겨진 둥근 형상이 태양을 나타내는 것인지의 여부는 중요해 보이지 않는다. 어쨌든 그 형상은 완벽한 기하학적 형태인 원임에는 틀림없다. 헌데 이 원형은 중앙에 아무런 형상이 새겨져 있지 않는데도, 특이하게 바라보는 사람의 시선을 집중시킨다. 처음에 원을 그려야 했을 때는 틀림없이 중심이 필요했겠지만, 이 중심은 일단 원의 형상이 새겨진 후에는 지워져서 흔적이 사라져버린 다음에도 그 현실을 잃어버리지 않았다. 이를테면 원의 내부는 '텅 빈 집합' 마냥 그 어떤 점의 형상도 간직하지 않지만, 그럼에도 원을 생성해낸 중심의 기억을 불러일으키는 것이다. 나는 원에서 임의로 세 점만 취하면 얼마든지 원의 중심을 재구성해낼 수 있다. 사실 그 누구라도 기하학의 기초만 알고 또 자와 컴퍼스만 있다면 그렇게 할 수 있다. 원의 중심은 보이지는 않지만 잠재적으로 항상 존재하는 셈이다. 원의 중심은 우리의 사고에는 존재하지만 감각에는 포착되지 않을 따름이다.

어쩌면 이 메타포는 신으로부터 응답을 받지 못해 고통스러워하는 이들의 심정을 조금은 누그러뜨려줄 수 있을지도 모른다.

비유는 여기서 그치도록 하고, 다만 텅 빈 전체는 묘사할 수 없는 바로 그 특성 때문에 유일하다는 점을 다시 한 번 상기하자. 마찬가지로, 신이 유일한 까닭은 바로 인간으로서는 사유가 불가능하다는 인간의 논리에 따른 필연적 결과일 수 있다. 그래서 신이 유일하다고 말을 한다면 이는 중언(重言)일 따름이다.

거북살스런 일신교

현대의 종교인들은 겉으로는 아닌 것처럼 꾸미지만, 실제론 파라오 아케나톤 시대의 이집트 사람들처럼 유일신 사상에 대해 몹시 거북스러워한다. 가톨릭교만 하더라도 밖으로 드러내놓지는 않지만, 삼위일체(三位一體)를 주창함으로써 유일신의 개념을 스스로 허물어뜨리는 셈이다. 하지만 병보다

처방약이 더욱 고약한 격으로, 성삼위(聖三位)는 사람들에게 더욱 커다란 어려움을 안겨줄 따름이다. 가톨릭 새 교리문답에 따르면 성부, 성자, 성신은 "온전히 같으신 한 천주이실 따름"이라고 되어 있는데, 과연 이런 주장을 어떻게 받아들여야 한단 말인가?

한편 가톨릭은 신자들이 교리에 보다 친숙해지도록 하려고 유일신 사상을 신과 마귀 사이의 이원적(二元的) 관계로 대체해서 설명하기도 한다. 이원론은 삼위일체보다는 이해하기가 훨씬 쉽기 때문이다. 이리하여 우리의 이성으론 좀처럼 이해되지 않던 부분은 두 인물간의 갈등이란 보다 통속적인 상황으로 바뀌어 그려지기도 한다. 신과 마귀는 마치 우리 주변에서 흔히 찾아볼 수 있듯이, 각기 선과 악을 대변해서 서로 전투를 벌이는 두 인물인 양 제시된다. 한 술 더 떠서 두 인물은 고위 공직자마냥 수하에 여러 종류의 종복들을 거느리는데, 이들이 바로 천사이고 악마들이다. 셀 수도 없이 많은 로마 가톨릭의 성인은 별도로 치고서라도 말이다.

이처럼 신 밑에서 중간자 역할을 수행하며 '저승'과 '이승' 사이를 넘나드는 수많은 인물들을 거느린 종교를 과연 유일신교라 할 수 있는가?

마지막으로, 아마도 신의 존재는 유일하다는 주장은 무엇보다도 인간을 겨냥한 말일 수 있다. 유대 사상 전문가인 장 알페랭은 언젠가 나에게 에마뉘엘 레비나스가 한 말을 들려준 적이 있다. "유일신 사상은 신에 관한 대수학이 아니다. 유일신 사상은 인간이 완전히 인간에 부합한 채로, 개개인이 다양한 역사적 전통을 짊어지고 나아가는 모습을 보여주는 초자연적 순간을 의미할 것이다."

요컨대 수의 개념은 신보다는 인간에게 적용하는 편이 보다 합당하다. 어쩌면 유일신 사상이 우리에게 줄 수 있는 가장 커다란 교훈은 인류는 하나이고, 또 우리가 이러한 사실의 중요성을 깨닫도록 촉구한다는 점일 것이다. 우리 인간은 개별적으로 보면 모두가 서로 다른 존재이지만, 하나의 인류 공동체로 모일 수 있는 역량을 가진 존재이다. 인류는 하나가 될 때 변할 수 있다. 애초에 인류는 지상의 다른 모든 생명체나 대상들과 마찬가지로 자연에 의해 맹목적으로 만들어진 존재였다. 하지만 우리는 인류 공동체에 편입됨으로써 스스로의 존재를 깨달을 수 있는 능력을 갖게 된다. 신은 유일하다는 생각은 이와 같은 인간적 특이성이 반영된 것으로 볼 수 있다.

저는 주님만을
믿나이다

내가 이렇게 되뇔 때, 이 말은 누가 무엇을 어떻게 한다는 말인가?

사실 이런 물음을 던져봐야 아무런 대답도 얻을 수 없다는 것은 분명하다. 대단한 울림을 가진 이 구절과는 개인적으로 인연이 깊다. 나는 이제까지 살아오면서 어려운 고비를 만날 때마다 이 구절을 되뇌곤 했다. 내가 홀로 곤경에 처할 때마다 말을 붙일 상대를 찾으려고 얼마나 애를 태웠던가? 꽉 막힌 상황에서 용감하게 박차고 일어서는 대신에 내가 무기력하게 주저앉았던 때는 또 얼마나 많았던가? 그런가 하면, 내가 인생의 기로에 서서 과연 어떤 길이 올바른 길인지 알지 못하고 방황해야 했던 때는 또 얼마나 많았던가? 인생의 고비에서 신이란 말을 입가에 떠올릴 때마다 신은 나에게 찾아들었고, 나의 생각을 이끌었다.

사실을 고백하자면, 나는 다른 가톨릭 신자들과 마찬가지로 신이란 말을 되뇌며 의지하려 할 때, 그저 신이란 말만 외쳤던 것은 아니다. '나의 신이여' 라고 불렀기 때문이다. 이 호칭은 나의 내면에서 나 자신과 절대 타자 사이에 관계가 맺어져 있다는 사실을 말해준다. 그렇긴 하지만 나는 오로지 이 관계의 한쪽 끝만을 붙잡고 있는 셈이다. 왜냐면 관계의 다른 쪽 끝은, 마치 요술쟁이가 허공을 향해 밧줄을 던졌을 때 하늘에서 누군가가 중력의 법칙을 무시한 채 낚아채기라도 하듯 붙잡아줘야 한다는 느낌이 들기 때문이다.

나는 모국어를 익힐 때처럼 신이란 말을 오랜 기간 익혀야 했다. 나는 나를 형성해준 개념들을 익힐 때처럼 신이란 말이 무엇을 의미하는지를 알기 위해 주위 사람들이 하는 말에 귀를 기울였다. 하지만 이 말, 이 개념은 언제고 저만치 물러나는 지평선마냥 우리가 그 뜻을 붙잡으려고 하면 할수록 더욱 멀어졌다.

그렇다면 우리는 어떻게 하면 과학의 기본 태도를 잃지 않으면서 신을 이야기할 수 있는가? 과학의 기본 태도란 가설을 펼칠 때마다 앞서 존재했던 가설과 연관해서 과연 이 같은 새로운 주장을 이끌어낼 수 있는지 엄정한 논리를 통해 검토하는 자세를 말한다. 따라서 과학적 태도란 초자연적 계시, 다시 말해 저 세상으로부터 온 진리의 말씀과는 무관하다. 그렇다고 해서 과학자는 계시를 받은 후 이를 전파하는 예언자나 성자의 진지성에 대해서 의심하는 것은 결코 아니다. 예언자나 성자는 신이 하는 말씀을 듣기도 하고, 때론 현현한 모습을 보기도 한다. 하지만 거의 언제나 신이 하는 말씀을 들었고 신을 보았다는 사실을 객관적으로 증언할 아무런 증거도 없다.

과학적 태도가 지니는 또 한 가지 특성은 언어를 엄격하게 정의해서 쓴다는 점이다. 과학은 영역을 달리 해서 기술해야 하는 경우에도 이 원칙을 엄격히 지킨다. 마찬가지로, 과학이 신을 언급할 때는 신이란 개념이 지닌 속성을 들어가며 접근해야 한다. 따라서 우리는 과학적 관점에서 신이란 말이 무엇을 뜻하는지 규정해보려면 신의 본질이 아니라 속성을 들어가며 접근해야 마땅하다.

신에 관한 두 가지 정의(定義)

내가 기억하는 한, 사람들이 하는 말이라면 무조건 믿었던 어린 시절을 보낸 후 성경 중에서 가장 이상스럽게 생각했던 구절은 바로 "태초에 말씀이 있었다"란 요한복음서의 첫 구절이었다. 내 생각엔, 태초에 말씀 대신에 신이 존재한다고 해야 할 것 같았기 때문이다. 신은 우리 눈에 보이지는 않지만 천지만물과 함께 하시는 존재라고 생각했다. 그리고 설사 신이 우리 인간의 눈에 보이지 않는다고 해서 신이 존재하지 않는다는 생각은 들지 않았다. 그러던 어느 날 나는 신이 모든 생명체가 이루는 공동체에 속하지 않으며, 바로 말씀으로 존재하는 분이란 사실을 알게 되었다. 이 사실을 어떻게 받아들여야 하는가?

말씀의 본질은 말씀을 듣는 사람에게만 효력을 발휘한다는 점이다. 그래서 세상의 시초가 말씀이라고 하는 말은 세상의 모든 것이 어떤 관계 혹은 어떤 만남으로 시작되었다는 의미이다. 그렇기 때문에 신이란 말은 내가 직접 얼굴을 대면하는 대화 상대자가 아니라 어떤 관계를 일컬으며, 또 마음이 서로 통하는 두 존재에게 현실감을 부여하는 존재임을 의미한다. 따라서 성 요한이 복음서 첫 구절에서 이렇게 말한 것은 우리가 태초의 말씀을 들을 줄 알게 됨으로써 창조자와 관계를 맺는 의식을 갖게 된다는 점을 강조하기 위해서였다.

한편 우리는 모세가 시나이 산에서 신과 대면하는 대목을 보면, 신을 보는 또 다른 시각이 존재한다는 사실을 알 수 있다. 모세가 신에게 누구냐고 물었을 때, 신은 "나는 있는 존재이다(Je suis Celui qui suis)"라고 대답했다. 불완전하지만, 프랑스어로는 이보다 더 나은 번역을 찾기가 쉽지 않아 보인다. 프랑스어가 아니라, 중동 지역 언어들처럼 동사 쓰임새가 좀더 다양해서 이른바 미완료시제가 존재하는 언어였더라면 훨씬 나았을 것이다. 그러면 신이란 계속해서 '이루어지는' 존재라는 신의 속성이 좀더 잘 드러났을 테니 말이다.

신이 모세에게 한 대답은 신이 우리 인간과는 차원이 다른 존재라는 점을 드러낸다. 우리는 '나'라고 말하려면 자기 자신과 어느 정도 거리를 유지하면서, 스스로를 객관적으로 바라볼 수 있을 때라야 가능하다. 시인 아르튀르 랭보가 "나는 타자(他者)이다(Je est un autre)"라고 했던 말은 이러한 측면을 파격적으로 보여주는 명언이다. 이 문장은 문법적으로 틀린 문장이다. 문장의 주어가 1인칭인데 동사는 3인칭으로 되어 있기 때문이다. 하지만 파격적인 이 문장은 인간적 현실을 잘 집어내는 말이다. 랭보는 우리 인간이 '나'라고 말할 때는 자기가 마치 다른 사람인 것처럼 스스로에게서 떨어져서, 자기 자신을 바깥의 시선으로 바라다보는 셈이란 점을 암시한다. 그러나 인간인 이상 "Je est"란 말을 쓸 수는 없다.

반면에 성경에서는 신은 자신을 가리켜 "나는… 이다(Je suis)"라고 지칭하지만, 이때 신은 본연의 존재성을 견지하면서도 객관성을 함께 지닌 존재로 이해된다. 신이 스스로 이름을 갖기를 거부하는 것은 존재하는 데 타인의 시선을 필요로 하지 않는 존재임을 의미한다. 우리가 신을 정의하려면 성 요한이 제시했던 대로가 아니라, 바로 이러한 신의 속성을 통해서 탐구해야 한다.

저는 아버지
주님만을 믿나이다

사도신경은 신이 이 세상에 속하는 존재가 아니라고 말하고
나서, 이번에는 생식과정에도 관여하는 존재인 양 제시한다.
이 얼마나 야릇한 생각인가? 상상력의 결핍을 드러낼 뿐만
아니라, 오늘날의 관점에서 볼 때 더 이상 현실에 맞지 않는
낡은 사고방식을 반영하는 생각이다. 과거 여러 문화권에서
는 한 가정의 아버지는 생식을 주관하는 유일한 존재이며, 어
머니는 부차적 역할만 담당하는 인물로 여겨져 왔던 것이 사
실이다. 이는 생식을 둘러싼 신비한 과정을 제대로 이해하지
못한 데서 온 것으로, 명쾌해 보이긴 하지만 잘못된 생각이
다. 어쨌든 이런 사고방식의 영향으로 생식과정은 오랫동안
아버지에서 아들로, 또 아들에서 손자로 면면히 이어져 내려
오는 부계 혈통의 관점에서 기술되었다. 반면에 어머니에서

딸로 이어지는 모계혈통은 전혀 고려되지 않았다.

이러한 사고방식을 가장 잘 나타내는 예가 바로 예수의 혈통을 장황하게 소개하는 성경 구절이다. 우리는 마태오(마태)복음 서두에서 아브라함에서부터 시작해서 52대에 걸쳐 예수의 혈통계보가 기술되는 것을 볼 수 있다. 그런가 하면 루가(누가)복음 8장에서는 예수의 혈통계보가 아담에서 시작해서 76대에 걸쳐 기술된다. 예수의 조상들은 모두 구체적으로 거명되어 있으며, 상하관계 또한 화살표로 표시되어 있다. 이처럼 혈통계보가 명확하게 정리되어 있긴 하지만, 모두 남자뿐이다.

번식과 생식

하지만 실제로는 그렇지 않다. 오늘날(구체적으로는, 150년경 전부터) 우리는 생식에 관한 한 남성과 여성이 완전히 똑같은 비율로 참여한다는 사실을 알고 있다. 따라서 새 생명이 잉태되는 순간 아버지의 역할이 어머니의 역할보다 비중이 더 높다고 할 수 없다. 또한 남성이나 여성 모두 혼자서는 결코 새 생명을 잉태할 수 없다. 따라서 '하느님 아버지' 라고 부르는 것은 '하느님 어머니' 라고 부르는 만큼이나 잘못된 것이다.

그럼에도 불구하고 누군가가 '하느님 어머니'라 외치기라도 한다면 사람들이 무슨 불경한 소리냐고 펄쩍 뛸 것이다. 어떻게 하느님을 여성에 빗대느냐는 논리이다. 하지만 우리가 신을 남성으로 간주하는 태도도 사실 이에 못지않은 불경한 태도일 수 있다. 왜냐면 이 두 가지 태도 모두 생물학적 현실을 무시한 처사이기 때문이다. 사실상 생식은 불안정한 과정을 거쳐서 새 생명을 잉태하기에 이른다. 따라서 신을 무한한 능력을 지닌 존재로 규정하는 한편, 한 성만으론 생식이 도저히 불가능한데도 신에게 생식을 주관하는 존재인 것처럼 부성(父性)을 부여하는 것은 참으로 이해하기 힘들다.

수십억 년 전에는 모든 생명체가 무성생식으로 번식했기 때문에, 당시와 같은 상황이라면 생식과정을 일컬으며 한쪽 성만을 내세운다 하더라도 현실에 부합할 수 있었을 것이다. 따라서 남성으로 일컬어지는 신이 이 세상과 저 세상을 함께 주관한다고 해도 논리적으로 큰 무리는 없었을 게다. 하지만 인류를 포함한 일부 생명체가 유성생식에 의해 번식을 하게 된 10억 년 전부터는 이런 생각은 더 이상 통용될 수 없다.

수컷의 신격화

신을 아버지에 비유하는 것은 아버지란 말의 의미를 생각할 때 사리에 맞지 않는다. 거꾸로 이 생각은 아버지를 신에 비유하도록 만드는 셈인데, 이 또한 사리에 맞지 않는다. 이처럼 신을 아버지에 비유하는 뭇 종교는 암묵적으로 가정 내에서 남성의 가부장적 권위를 인정해주는 셈이다. 한편 이러한 사고방식은 비단 여기에 그치지 않고 사회구조 전반에 걸쳐 영향을 미친다. 종교가 신에게 남성적 속성을 부여함으로써 남성 중심적인 가치관이 조장된다는 점을 부인할 수 없다.

로마 가톨릭교회는 이러한 생각이 극단으로 치닫는 경우로, 남성 성직자에게는 독신이기를 부과하며 여성에게는 남성 성직자들이 누리는 직위를 금한다.

나는 멘델이 완두콩을 실험 지배하면서 밝혀낸 사실들이 가정과 사회구조는 물론 종교 제도권까지 고루 적용되어야 한다고 믿는다. 멘델의 발견은 모든 생명체의 생식에 관한 혁명적 개념이다. 우리는 이 개념 덕택에 이제까지 미지로 남아 있던 우리 자신에 관한 신비(나란 존재는 어디서 기원하는가?)에 접근할 수 있게 되었다. 하지만 애석하게도 과학이 가져다준 통찰력과 문화의 구조가 하나가 되기 위해선 꽤 많은 세월이 흘러야 하는 것이 현실이다. 신에게 남성적 속성을 부여하는 행위가 신성모독으로 여겨지려면 앞으로 얼마나 많은 세기가 흘러야 하는가?

■■■ 멘델의 법칙

개체의 생산, 즉 두 개체로부터 더 이상 '분리가 불가능한' 새로운 개체가 만들어지는 과정은 논리학적 문제를 제기하는데, 이 문제는 오랫동안 해답을 찾지 못하고 있었다. 18세기 철학자들이나 과학자들은 아예 이 문제를 포기했다. 한 예로, 프랑스의 철학자인 달랑베르는 『백과전서』에서 "이 문제는 성격상 그 신비를 벗길 수 없다"라고까지 했다.

그러다가 1865년 식물학자 멘델이 유전에 관한 연구를 발표함으로써 실마리가 풀리기 시작했다. 멘델은 「식물 잡종에 관한 연구」란 논문에서 자기가 브루노 수도원 정원에서 완두콩을 실험 재배하면서 알아낸 사실을 발표했다. 그는 예를 들어 완두콩의 색깔에서처럼 각 형질은 하나가 아닌 두 유전요인에 의해 결정된다는 사실을 밝혀냈다. 동물이건 식물이건 간에 성을 가진 모든 개체는 형질마다 두 경로로부터 정보를 받아들인다. 오늘날 우리가 유전자라 부르는 것들이다. 개체는 생식 때 어버이로부터 각기 하나씩의 유전자를 받는다. 그런가 하면 개체가 유전자들을 어느 쪽 어버이로부터 받아들인 것인가는 순전히 우연에 달려 있다. 이처럼 생식과정은 본질적으로 우연성의 지배를 받기 때문에, 흔히 알려져 있는 것처럼 '그 아버지에 그 아들'과 같은 격언은 생물학적으로 볼 때 결코 현실적이라 볼 수 없다.

저는 전능하신
주님만을 믿나이다

다신교(多神敎)는 논리적으로 볼 때 여러 신들이 권력을 분담하는 형태의 종교라고 할 수 있다. 각각의 신들이 나름대로 관장하는 고유 영역을 가진 셈이다. 반면에 일신교에서는 신이 모든 능력과 권한을 갖는다. 신은 유일하기 때문에 적어도 저승에서는 모든 권력을 쥐고 지배하는 존재이다.

하지만 신이 저승이 아니라 이승에서도 전능한가 하는 점을 생각해볼 때 문제가 발생한다. 우리는 우리가 몸담고 사는 이승에서 신은 과연 어떤 모습일까에 대해 과학적으로 생각해보지 않을 수 없다. 과학은 신의 섭리에 의해 일어난다고 전해지는 현상들에 관해서 어떠한 태도를 보이는가? 신이 구체적 현실에도 관여한다고 믿는 태도는 현실이 스스로의 법칙을 방기하는 셈이란 말이기도 하다. 과연 자연법칙과 기적은 양립 가능한 것인가?

결정론과 자유의 대립

과학이 취하는 기본적 태도는 세계를 움직이는 요인들이 언제 어디서나 동일하게 작용한다고 보는 것이다. 예컨대 어떤 물체건 간에 질량이 있는 모든 물체는 서로간에 끌어당기는 작용을 한다고 본다. 어쩌면 질량이 있는 모든 물체는 서로간에 끌어당기는 작용을 하는 것처럼 보인다고 말하는 편이 보다 정확할지 모른다. 어쨌든 이 원칙은 사과가 땅을 향해 떨어지는 현상이나 별 주위를 도는 행성들의 궤도 운행에 이르기까지, 실험을 통해 모두 공통된 사실로 입증되었다. 또한 전하(電荷)를 가진 물체들은 양전기를 띠는가 또는 음전기를 띠는가에 따라 서로 끌어당기거나 밀어내는 성질을 나타낸다. 과학은 이러한 성질들을 수학적으로 표현된 '법칙'으로 만들며, 우주 만물은 이 법칙에 따라 엄정하게 움직이는 것으로 간주한다.

물론 과학이 발전하면 과학의 법칙 또한 변화한다. 그렇긴 하지만 자연현상을 설명하는 방식이 바뀐다고 해서 자연현상에 관여하는 요인들의 성질이 바뀌는 것은 아니다. 예를 들어, 우리는 뉴턴 이후 질량이 있는 물체간에 작용하는 인력을 $F=G\frac{mm'}{d^2}$ 란 공식을 통해 계산해왔다. 그런가 하면 우리가 앞에서 보았던 것처럼, 아인슈타인이 등장함으로써 뉴턴의 만유인력법칙은 공간의 휨이란 새로운 개념에 의해 대체되기에 이른다. 이에 따라 현상을 기술하는 데 필요한 변수도 달라질 수밖에 없었다. 그 결과 현상을 기술하는 방식은 달라졌지만, 질량이 있는 물체들간에 작용하는 성질들이 우주를 지배한다는 사고방식에는 아무런 변화도 없다.

과거 여러 과학 분야는 제각기 자기 고유 영역에서 자연현상을 연구해왔다. 그러다가 과학은 20세기에 들어서면서 여러 분야에서 독립적으로 거두어들인 연구성과를 네 가지 방향으로 통일시킬 수 있었다. 이 네 가지 방향이란 중력, 전자력, 두 종류의 핵력(核力, 원자핵 내부에서 작용하는 힘) 등이다. 따라서 우주에서 목격되는 물질의 수는 무수히 많지만, 이 물질들은 모두 이 네 가지 요인의 상호작용으로 인해 나타나는 것으로 볼 수 있다. 우주의 삼라만상은 바로 이 네 요인들이 서로 작용해서 나타나는 결과인 셈이다(물리학자들은 우주에는 10^{70}개의 미립자가 존재한다고 본다). 결정 요인은 한정되어 있는 반면에, 그 조합의 가능성은 무궁무진하다.

어쨌든 중요한 것은 자연현상은 이 네 가지 요인들이 함께 어우러져 펼치는 엄정한 과정에 따라 나타난다는 사실이다. 이 원칙에는 한 치의 오차도 있을 수 없다.

우주가 이처럼 엄정한 법칙에 따라 움직임으로써 때론 인간의 자유나 신의 섭리가 과연 존재하는 것인가 하는 의문이 제기되기도 한다. 우주의 모든 현상들은 앞서 언급한 네 요인 간에 이루어지는 조합의 결과로 나타난다. 따라서 우리는 이와 같은 자연현상의 엄정성에 비추어 볼 때, 어느 특정 시점에 우주를 관찰함으로써 적어도 이론적으론 그 이후의 모습을 예측할 수 있게 된다. 예측은 점점 더 정교해지고 있다. 미래는 이미 현재 속에 담겨 있는 셈이다.

철학자이자 물리학자인 라플라스는 19세기 초반에 이미 이와 같은 우주관을 극한까지 밀고 갔다. 볼테르는 일찍이 우주를 시계에 비유한 적이 있다. 라플라스는 볼테르의 말을 이어받아, 우주라는 시계의 장치가 시간적으로나 공간적으로 서로 긴밀하게 얽혀 있다고 보았다. 그래서 오늘의 시계 장치를 관찰하면 내일의 모습을 정확히 예측할 수 있다고 했다. 우주는 한 치의 오차도 없이 미리 예정된 궤도를 따라 움직인다고 본 것이다. 오늘의 현실 안에 이미 내일이 담겨 있는 셈이다.

자연현상을 이런 시각에서 바라보는 태도는 장 칼뱅이 종교의 영역에서 '예정설'이라 불렀던 태도와 일맥상통한다. 칼뱅은 우리의 영원한 미래가 이미 정해져 있다고 했다.

이처럼 우주를 결정론적 시각으로 바라보는 태도는 인간에 의해서든 신의 섭리에 의해서든 간에 외부로부터의 그 어떠한 개입도 용납하지 않는다. 외부의 개입이 존재할 수 있다는 것은 자연법칙에 예외를 인정하는 셈이 되기 때문이다. 따라서 이러한 우주관은 인간의 자유란 개념이 허상이라고 말한다. 마찬가지로, 신의 섭리도 있을 수 없다고 본다.

양자역학과 카오스

하지만 이런 시각은 20세기에 들어서면서 크게 바뀌었다. 현대 과학은 라플라스가 추론했던 방식을 대신해서, 새로운 양자역학적 관점과 카오스 이론을 제시하게 되었기 때문이다.

자연현상이 이루어지는 과정은 과학자의 초기 관찰이 제아무리 정확하다 하더라도 장기적으로 볼 때 예측할 수 없기 때문에 '무질서하게' 보일 수밖에 없다. 널리 알려진 '세 물체'의 예를 통해 살펴보자.

만일 우주가 인력의 법칙에 따르는 두 물체, 이를테면 태양과 지구로만 이루어져 있다고 가정한다면, 우리는 인력 법칙을 나타내는 공식을 통해 아무리 먼 장래라도 태양과 지구의 위치를 정확히 예측해낼 수 있다. 이처럼 현상이 간단명료할 때는 무질서가 끼어들 여지가 없다. 하지만 태양과 지구라는 두 물체 외에 제3의 물체, 즉 달이 여기에 개입한다고 할 때 인력 공식은 부정확해진다. 그 오차는 먼 장래를 예측한 것일수록 점점 더 커진다. 수치로 환산하자면, 오차는 매년 1.00000025%씩 늘어난다. 이리하여 오차는 10만 년 후에는 2%에 이르는데, 대수롭지 않게 여길 수도 있는 수치이다. 그러나 오차는 10억 년이 지난 시점이면 처음보다 약 1천억 배에 이르는 수치가 되기 때문에, 인력 공식은 아무런 소용도 없게 된다.

이처럼 자연현상에 여러 요인들이 한꺼번에 개입하는 경우 카오스가 발생할 가능성은 그만큼 높아지며, 따라서 예측도 불가능해진다. 우리가 설사 자연현상이 엄정한 법칙에 따른다고 가정한다 하더라도, 우주는 여러 요인들이 복합적으로 작용하기 때문에 사실상 정확하게 예측할 수 없다.

그렇다면 우주를 바라보는 결정론적 태도는 완전히 틀린

것인가? 물론 우리는 우주가 앞으로 어떻게 변모할지 정확히 알 수는 없지만, 그럼에도 불구하고 어떠한 과정을 거쳐서 변모하게 될지는 예측 가능하다고 여길 수도 있다. 하지만 양자역학은 이를 부정한다.

물리학자 막스 플랑크는 1900년 몇몇 모순된 자연현상을 연구하다가 불연속적 속성을 발견해냈다. 구체적으로, 그는 어떤 물체도 길이가 1.6×10^{-33}보다 짧을 수는 없으며, 어떤 시간도 5.4×10^{-44}보다 짧을 수 없다는 사실을 알아냈다. 이 한계는 인간이 고안해낸 장치가 정교하지 못해서가 아니라, 현상 세계의 속성이 그러하기 때문에 그렇게 나타난 것이다. 따라서 과학자가 어느 특정 시각에 자연현상을 관찰하는 경우 그 결과는 필연적으로 제한된 관찰일 수밖에 없다. 하물며 먼 장래를 정확히 예측한다는 것은 근본적으로 불가능한 일이다. 또한 현대 과학은 미립자가 형태나 위치를 가질 수 없다고 보기 때문에 이 같은 전통적 개념들을 폭넓게 활용할 수도 없다. 우리는 미립자의 현재나 미래에 관해서는 가능성에 의존해서 묘사할 수밖에 없다. 미립자 관점에서 볼 때, 현재는 미래를 담고 있지 않은 셈이다.

이와 같은 시각에서 볼 때, 우리는 실제 현실에서 현상들이 나타나는 과정과, 여기에 인간의 자유의지나 초월적 신이 개입한다고 보는 입장 사이에는 도저히 넘을 수 없는 듯이 보였던 장벽이 와해되는 광경을 목격하게 된다.

무엇을 위한 전능인가

과학의 발달로 신의 영역이 야금야금 갉아먹힌다는 불안감을 가진 사람들은 이와 같은 결론을 접하면 안심을 할 수도 있다. 오늘날의 과학은 종교인의 신앙을 더 이상 위협하지 않는 듯이 보인다. 실제 현실을 뛰어넘는 곳에 전능한 신의 섭리가 펼쳐진다고 믿는 신앙인에게 중요한 문제는 "전능한 신이 존재하는가?" 하는 물음이 아니라, "신은 전능한 능력을 행사할 것인가?" 또는 "나는 전능한 신 앞에서 어떻게 행동할 것인가?" 하는 물음이다.

전능한 신이 실제로 권능을 펼칠 때 그 방식은 인간의 방식과는 차원이 다를 것이다. 창세기에 적혀 있듯이, 신은 인간을 위해 최초로 역사(役事)를 발하면서 이렇게 말했다. "온 땅 위에 퍼져라. 땅을 정복하여라." 이와 같은 창세기 내용에 따르면, 신은 전능한 힘을 행사한 후에 그 권능을 인류 공동체에게 물려주었다. 따라서 우리는 신에게 우리의 소망을 이루어달라고 애원하는 대신에, 신으로부터 전수받은 권능을 우리 인간의 영역에서 펼쳐야 한다.

마찬가지 이치로, 우리가 신에게 지금 처한 현실의 흐름을 바꿔달라고 기도를 한다면, 이는 우리가 신으로부터 물려받은 권한을 스스로 저버리는 셈이다. 우리는 현실에 대한 책임을 저 세상에 떠넘기는 대신에 우리 스스로 현실을 맞서야 한다.

하지만 이 점에 있어서 애석하게도 서양문화는 소극적인 자세를 버리지 못하고 있다. 예를 들어, 영국 국가(國歌)만 하더라도 신에게 "국왕을 보호하소서"라고 소망하지 않는가. 수백만의 영국 국민들이 이렇게 기원을 한다고 해서 이를테면 스미스 씨란 어느 한 사람을 살려달라고 기도할 때보다도 더욱 영험하단 말인가? 어느 유명한 영국 통계학자는 이 점에 대해서 연구한 결과, 양쪽 입장에 차이가 거의 없다는 결론을 내렸다. 따라서 논리적으로 보자면 영국 국가에 담긴 이 구절은 당장 파기되어 마땅하다.

우리가 전능한 절대자에게 지금과 같은 모습이 아닌 다른 현실을 만들어달라고 기도하는 것은 사실상 우리가 무력하기 때문에 부모님의 보살핌을 받아야 했던 어린 시절의 영향으로 생겨난 태도이다. 이와는 반대로, 우리는 성인다워야 한다. 성인답다는 것은 인류 공동체와 한 몸이 된다는 뜻이며, 우리의 미진함을 신에게 의지하는 빌미로 삼는 유아적 태도를 버리는 일이기도 하다.

"신은 일부 사람들이 거추장스럽게 덧씌우는 전능함으로부터 자유로워야 한다." 이 말은 프로테스탄트 신학자인 프랑스 케레가 한 말로, 우리가 사도신경을 새로운 눈으로 접근하도록 촉구하는 말이다. 그렇다고 해서 신의 전능 자체를 문제 삼는 것은 아니다. 다만 신의 전능함이 신이 아닌 인간의 시각에서 부여되었다는 점을 문제 삼을 따름이다. 신은 "자유롭다". '이승'에서 행해지는 일을 전적으로 책임져야 하는 것은 바로 우리 인간이다.

… 천지의 창조주인
전능하신 하느님 아버지

'하늘과 땅', 즉 이 세상 전체, 우주에 존재하는 모든 것을 창
조하셨다는 말이다. 우리가 자주 쓰는 이 말은 별 문제가 없
어 보이지만, 사실은 세상 전체를 포괄하는 우주라는 개념은
자체 내에 모순을 안고 있다. 수학자들이 모든 집합들의 집합
이란 개념이 성립할 수 없다고 보는 까닭과 유사한 논리이다.

전체를 정의하는 것은 불가능하다

이 문제를 살펴보자. 우선, 전체란 하나하나의 부분들을 한데
모은 합을 말하며, 이 페이지 또한 여러 글자와 기호들이 한
데 모여 이룬 집합이라 할 수 있다. 한편 이 책은 160쪽 분량
이 합해진 것으로, 집합들의 집합이라 할 수 있다. 수많은 책
이 꽂혀 있는 내 서재는 이를테면 집합들의 집합들의 집합이

라 할 수 있다. 이런 방식으로 우리는 마치 러시아 인형처럼 전체의 범위를 점차로 넓혀나갈 수 있다. 그러다 보면 마침내 '모든 집합들의 집합'에 이를 수 있을 것이다.

자명해 보이는 이 과정은 결국 다음과 같은 질문에 부딪치지 않을 수 없다. "모든 집합들의 집합은 스스로를 포함하는가, 또는 포함하지 않는가?" 헌데 이 물음에 답하기 위해서 양쪽 중 어느 하나를 택한다는 것은 택하지 않은 다른 선택지가 참이란 사실을 증명하는 셈이며, 따라서 두 선택지는 모순 관계에 있다. 버트런드 러셀은 이 문제가 안고 있는 논리적 난점을 이해하려면 다음과 같은 상황을 상상해보라고 했다. 책이 많이 꽂혀 있는 서가가 있는데, 그 서가에 꽂혀 있는 모든 책들에 관한 목록을 만든다고 가정해보자. 그런 다음 이 목록을 서가에 함께 꽂아둔다. 그러면 서가에 꽂혀 있는 책들의 리스트를 말할 때, 이 목록을 포함할 것인가 말 것인가 하는 선택의 문제가 생긴다. 그런 다음 이번에는 친구들의 서가를 방문해서 친구들이 만들어놓은 소장도서들의 목록을 보고, 또 목록 자체는 기재되어 있지 않은 목록들의 목록을 만든다. 그렇다면 이 목록들의 목록은 책 전체를 담고 있긴 하되, 스스로까지를 포함하는 집합인가, 아니면 포함하지 않는 집합인가? 첫 번째 선택지를 택하는 경우 이는 두 번째 선택지가 참이란 사실을 인정하는 셈이며, 두 번째 선택지를 택한다 하더라도 사정은 마찬가지이다. 따라서 우리는 '모든 집합들의 집합'이란 개념을 따져볼 때 언제나 이와 같은 논리적 난관에 부딪히게 된다. 보다 이해가 쉽도록 다음과 같은 우화를 통해 이 문제를 다시 한 번 살펴보자. "우리 마을사람들은 모두 아침이면 면도를 한다. 그런데 마을 이발사는 자기 손으로 면도를 하지 않는 사람들만 면도를 해준다." 여기까지는 자명하다. 하지만 이발사는 누가 면도를 해주나 하는 물음을 던질 때 문제가 발생한다.

이처럼 전체, 혹은 우주 전체란 무엇을 말하는가를 정의하려면 문제가 생긴다. 우리가 우주를 상상할 때, 우리는 흔히 우주를 이 세상에 존재하는 모든 것을 포괄하는 하나의 거대한 물체인 것처럼 상상한다. 그렇다면 우주의 끝은 어떠할까? 실상 우리는 우주의 끝을 상상할 수 없는데, 왜냐면 모든 한계가 그렇듯이 우주에 끝이 있다는 논리는 우주에 속하는 부분과 우주에 속하지 않는 부분을 구분하는 생각이기 때문이다. 그런데 우주는 본시 이 모든 것을 포함해야 하지 않는가?

특히 우리가 신은 우주 바깥에 있다고 가정을 해볼 때, 존재는 우주를 구성하는 모든 것들의 속성이라는 의미에서 신은 존재하지 않는 셈이다. 신은 있기 위해 존재할 필요는 없다고 한 어느 철학자의 말은 이런 맥락에서 이해해야 한다.

우리의 지적 능력으론 우주가 한정된 공간을 가지고 있지 않다는 생각을 하기가 어렵다. 더욱이 시간 또한 그러하다면 더더욱 이해하기가 힘들다. 우리는 이 세상의 모든 것들이 제각기 역사를 간직하고 있듯이, 우주의 시작이 어떻고 끝이 어떠할지 궁금하지 않을 수 없다. 우주의 시작과 끝은 어떠할까?

모순된 시간의 역사

우선, 오늘날의 과학이 우주의 종말에 관해 들려주는 바를 살펴보고, 또 그럼에도 이 점에 관한 한 과학적 설명이 충분치 못하다는 점을 상기해보자. 물론 과학이 제시하는 전망은 명확하다. 예컨대, 태양계의 미래는 분명하게 예측되어 있다. 태양은 앞으로 50억 년 후 자원이 고갈되어 내향성 폭발을 맞이하게 된다. 하지만 인류는 그보다 훨씬 전에 사라질 수밖에 없다. 따라서 인류에게는 태양계가 소멸하느냐 아니냐 하는 문제는 중요하지 않다.

하지만 오늘날의 과학이 이처럼 국지적으론 대단히 정확한 예측을 할 수 있는 단계에 이른 것과는 정반대로, 우주를 설명하는 두 가설 중 어느 것을 택하느냐 하는 문제에 있어선 태도를 결정하지 못하고 있다. 즉, 우주가 냉각 후 끝없는 팽창을 거듭하고 있다는 가설과, 향후 수십억 년 후에 있게 될, 빅뱅에 대칭되는 '대폭발(big crunch)'를 겪은 후 팽창이 멈출 것이라는 가설이 바로 그것이다.

이처럼 우주가 냉각하면서 서서히 와해되고 있는가, 아니면 뜨거운 용광로 속으로 몰입하고 있는가 하는 문제는 천체물리학자에게는 대단히 흥미로운 주제임에 틀림없다. 하지만 똑같은 문제가 대부분의 사람들에게는 큰 관심거리가 되지 못하리란 것 또한 틀림없는 사실이다.

오히려 대개의 사람들은 과학이 우주의 기원에 관해 어떤 이야기를 들려주느냐에 더욱 관심이 있다. 과거 2천 년의 세월이 흐르는 동안 과학은 끊임없이 이 문제를 설명하려고 노력하였으며, 그러던 중 1920년에는 우주가 팽창하고 있다는 가설이 등장하였다. 우주는 우리에게서 멀어지고 있으며, 그

속도는 점점 더 빨라지고 있다는 것이다. 우리는 이 설명에 의거해서 우리의 과거에 관해서도 추측을 해볼 수 있다. 이를 테면, 천체의 별들은 오늘보다 어제 우리에게 더욱 가까이 있었으며, 1천 년 전에는 지금보다도 훨씬 더 가까웠을 것이다. 이런 계산을 거듭하다 보면, 대략 100~150억 년 전에는 우주 전체가 한 몸이었으리란 짐작을 해볼 수 있다. 바로 오늘날의 그 유명한 빅뱅이론이다.

우주 폭발에 관한 이 이론은 종종 우주의 기원, 즉 우주의 영점(零點)으로 제시되기도 한다. 하지만 이처럼 우주의 기원을 시간의 지속 속에서 설명하고자 하는 태도는 문제를 안고 있는데, 왜냐면 이는 빅뱅 이전에 시간이 존재했다는 사실을 암묵적으로 인정하는 셈이기 때문이다. 요컨대, 이 가설은 우리의 시간 개념과는 전혀 맞지 않는 설명방식이다. 우리의 시간 개념이란 사건들이 순차적으로 연계되는 경우에만 의미가 있기 때문이다. 바로 이 사건들의 순차적 진행에 의해 시간이 체험되는 것이지, 시간이 자발적으로 사건의 연계를 만들어 내지는 않기 때문이다. 성 아우구스티누스는 이렇게 말한 바 있다. "아무 일도 일어나지 않았다면, 시간이 흘렀다고 할 수 없을 것이다." 빅뱅이란 개념이 공간은 물론 그 공간이 포괄하는 모든 대상들의 기원으로 정의되는 한, 빅뱅은 필연적으로 시간의 기원일 수밖에 없다. 하지만 시간은 바로 이 빅뱅의 순간으로부터 시작했을 수밖에 없다. 따라서 그 '이전'이란 있을 수 없다.

우리는 우주에서 일어나는 모든 현상들을 시간적 순차에 따라 상상해볼 수 있다. 어떤 현상은 일어나기도 전에 앞으로 겪게 될 과정을 그려볼 수도 있고, 어떤 현상은 동시적으로, 또 어떤 현상은 일어난 후에 그 과정을 거슬러서 그려볼 수도 있다. 이처럼 우리는 우주에서 벌어지는 현상들을 공간적으로나 시간적 관점에서 모두 상상할 수 있다. 예를 들어, 우리는 45억 년 전 지구가 탄생했을 때를 그리 어렵지 않게 상상해볼 수 있다. 당시엔 먼지들만이 태양 주위를 떠돌다가 뭉쳐져 지구를 만들게 되었으며, 우리가 살고 있는 이 지구는 앞으로 50억 년이 지나면 태양의 요동으로 파괴될 운명이다. 우리는 과학의 힘을 빌어 이와 같은 과정을 점점 더 정확하게 재구성하기에 이르렀으며, 지구가 처음 생겨날 때부터의 이 모든 과정을 여러 힘들의 상호작용으로 설명할 수 있다. 이처럼 지구의 생성과 앞으로 닥칠 소멸까지를 포함하는 각 과정은 뚜렷한 전후 관계의 맥락 속에 놓인다. 우리는 아무리 긴

세월이 걸리는 과정이라 할지라도 얼마든지 이와 같은 추론을 수긍할 수 있다.

반면에 우리는 미립자건 별이건 성운이건 간에 우주의 어느 특정 구성요소의 기원을 생각할 때는 아무런 어려움이 없지만, 우주 자체의 기원을 생각할 때는 무방비 상태에 빠지지 않을 수 없다. 이는 수학자들이 집합의 문제를 다루다가 집합들의 집합의 문제로 옮겨갈 때 느끼는 당혹감과 유사하다.

예를 들어, 우리가 '빅뱅 이후' 는 비교적 쉽게 생각할 수 있다. 어떻게 보면 우리의 일상 하루하루가 바로 빅뱅의 작은 편린이라고도 할 수 있다. 하지만 빅뱅 '이전' 을 상상해볼 수 있는데, 이는 빅뱅 모델과 모순을 이루는 생각이다. 왜냐면 이때는 시간이 존재하지 않는데, 어떻게 순간들의 연속을 상상할 수 있단 말인가 !

이처럼 시간의 영점(零點)을 이루는 빅뱅은 그 '이전' 을 가질 수 없기 때문에 여느 현상들과는 다르게 이해되어야 한다. 과학 이론이 발달함에 따라 태초를 향한 탐구는 점점 더 기원에 근접할 수는 있지만, 그 어떠한 경우에도 기원 자체에는 도달할 수 없다.

물리학자들은 빅뱅 이후의 과정을 기술하면서 어째서 우

리가 빅뱅의 원점에는 도달할 수 없는지에 관해 증명한 바 있다. 현재 물리학자들은 우주의 시초를 이루는 빅뱅의 순간에 점점 더 가까이 다가가고 있다. 그래서 이들은 빅뱅 1초 전, 10분의 1초 전, 백만 분의 1초 전……까지 점차 다가가고는 있지만, 언젠가 그 기원에 도달하리라고는 기대하지 않는다.

우리가 빅뱅의 순간에 도저히 도달할 수 없다는 사실을 수학적으로 재치 있게 보여주는 공식이 있다. 이 공식은 시간의 측정 규모를 바꿔서 적용하는 방식으로, 빅뱅 이후 흘러간 시간을 T라고 할 때 이것을 로그로 전환하는 공식이다(80쪽을 참고할 것). 특별한 공식은 아니다. 단지 공식 N=10a으로부터 숫자 N을 숫자 a로 바꿀 뿐이다. a는 모든 양수 N에서 존재하지만, 0에서는 존재하지 못한다. 0의 로그는 존재하지 않기 때문이다.

이처럼 우리는 우주가 생성되는 출발점인 빅뱅의 순간을 통상적 시간 개념으론 도저히 접근할 수 없기 때문에, 이 순간을 여느 현상과는 다른 것으로 생각할 수밖에 없다. 이 순간은 논리적으로 특별한 자격을 갖는 셈이다. 시간의 지속을 벗어나는 유일한 예인 것이다. 그렇기 때문에 우리는 이 순간

a는 $N = 10^a$ 에서처럼 모든 양수 N에 대해서 존재한다. 이때 a는 N의 10을 기준으로 하는 로그라고 부르며, log(N)으로 표기한다. 이 변환의 장점은 다음과 같이 곱셈을 덧셈으로 바꾸는 데 있다.

$$N \times N' = 10^a \times 10^{a'} = 10^{a+a'}$$

두 수의 곱의 로그는 각 수의 로그의 합과 같다.

$$\log(N \times N') = \log(N) + \log(N')$$

N이 자연현상을 나타내는 변수라 한다면, a는 이와는 전혀 다른 리듬을 갖는다. N이 k의 곱만큼 증가하는 반면에, a는 log(k)만큼 더해질 뿐이다.

예를 들어, 심리학자들은 나이가 들어감에 따라 시간의 흐름이 다르게 느껴지는 현상을 이러한 성질을 들어 설명하기도 한다. 노인은 80세에서 88세에 이르는 기간을 아이가 10세에서 11세가 될 때 느끼는 기간과 거의 비슷하게 느낀다. 두 연령층 모두 실제로 느끼는 나이는 1.1배를 곱해서 얻어지는 숫자이다. 우리는 나이를 느낄 때 물리적 나이보다는 이처럼 실제 나이의 증가비율에 해당하는 수치에 비례해서 느낀다. 그래서 우리가 심리적으로 느끼는 나이를 알려면 살았던 연수의 로그를 기준 삼는 편이 보다 합당하다. 10세 된 아이가 심리적으로 한 살이라 한다면, 100세 노인은 두 살인 셈이다 (100세 노인은 10세 된 아이보다 나이를 곱절만 더 '먹은' 셈이다).

마찬가지 방식으로, 우리는 우주가 빅뱅을 일으킨 1초 후를 새로운 규모의 기점 0으로 삼아 우주의 나이를 계산해볼 수 있다. 그러면 빅뱅의 순간으로부터 10분의 1초가 지난 시점은 로그로 변환하면 '-1'이며, 10억분의 1초 후의 시점은 '-9'이다.

따라서 우리는 이 공식을 통해 아무리 로그로 환산한 값을 적용한다 하더라도 점진적 접근은 가능하지만 기원에는 도저히 도달할 수 없다. 왜냐면 0의 로그는 존재하지 않기 때문이다. 빅뱅의 순간은 시간을 표현하는 공식 내에 존재하지 않는다. 기원은 무한대로 보내진다.

을 진정한 사건으로 볼 수 없다. 마찬가지 이유로, 우리는 이 순간을 창조의 순간으로 볼 수 없다. 창조란 말은 더할 나위 없이 사건 중의 사건을 뜻하기 때문이다.

그런데 어째서 이 자리에 창조자가 언급될 수 있겠는가?

어쩌면 이런 태도는 해답을 구할 길 없는 난처한 입장에 빠져서 문제 자체를 포기하려는 태도는 아닌가 하는 비난을 받을 수도 있다. 문제를 다른 관점에서 제기해볼 필요가 있다. 과학은 난관에 부딪힐 때마다 발상의 전환을 꾀하여 커다란 발전을 이루곤 한다. 예를 들면, 18세기에 과학자들은 장작이 어째서 타는가 하는 의문에 부딪쳐서 장작은 연소 물질인 액체를 은닉하기 때문이라고 가정했다. 이 액체는 필로지스틱이란 물질로, 설명하기가 쉽지 않은 물질이다. 그러다가 라브아지에가 장작은 스스로 연소하는 것이 아니라, 대기 중의 산소의 도움으로 연소한다는 사실을 밝혀냈다.

창조자를 언급하려면 창조하는 행위가 있어야 한다. 시계가 존재하는 것은 시계 제조인이 있기 때문이며, 또 시계 제조인이 존재하는 것은 그를 낳아준 어버이가 있기 때문인 것과 마찬가지 논리이다. 이 논리는 실제 현실의 아주 하찮은 부분까지 어김없이 지켜지는 논리이다. 하지만 이 논리는 우리가 신이 우주 전체를 관장하는 존재라고 생각할 때는 더 이상 통용되지 않는 논리이다.

가장 탁월한 현대 물리학자 중 한 사람인 스티븐 호킹은 이렇게 말한다. "우주에 시초가 있는 한 우리는 창조주가 존재했다고 생각할 수 있다. 하지만 실제론 우주는 모든 것을 자체 내에 담고 있고 경계선이나 한계도 없기 때문에, 시작도 종말도 있을 수 없다. 우주는 그저 있을 따름이다. 사정이 이러할진대 창조주의 자리가 어디란 말인가?"

이 마지막 물음은 신성모독적으로 들릴지도 모른다. 사실 이 물음은 앞서 언급했던 신의 전능함에 관한 비판의 연장선상에 놓이는 물음이다. 우리는 우리 인간의 잣대로 신을 거북살스럽게 만들어서는 곤란하다.

과학이 세계에 관해 들려주는 설명은 언제나 유쾌하지만은 않다. 노벨상을 수상한 생물학자 프랑수아 자콥은 세계를 이루는 부분들 중 가장 매혹적인 부분인 인류에 대해서 말하길, 거대한 조합의 결과로 탄생한 종이라고 했다. 그렇다면 우리는 신을 조합에나 몰두하는 기술자로 보아야 한단 말인가? 차라리 신에게 터무니없는 책임을 떠넘기지 않는 편이 낫지 않겠는가?

신은 세상의 창조자도 아니요 전능한 존재도 아니라고 해
서 신의 위엄이 손상되지는 않는다. 오히려 이와는 반대로, 신
과의 형용하기 힘든 만남을 희망하는 이들에게는 더욱 깊은
신뢰감으로 신을 맞이할 수 있는 계기를 마련해줄 수 있다.

···예수 그리스도를
믿나이다

우리는 사도신경의 이 부분에서 '믿는다'란 동사가 지닌 이 중적 의미와 마주친다. 이 동사는 위 문장에서 두 가지 다른 의미가 있다.

우리가 "신을 믿는다"란 말을 할 때는 신의 존재를 믿는다는 의미이다. 하지만 "예수 그리스도를 믿는다"란 말을 할 때는 복음서가 전하는 예수의 삶을 사실로 인정한다는 의미일 수도 있고, 또는 예수님이 인간에게 전하는 메시지를 믿는다는 내면의 승복을 나타내는 의미로 새길 수도 있다.

예수의 생애와 역사

마르코(마가), 마태오(마태), 루가(누가), 요한이 복음서에서 전하는 예수의 생애는 실제로 존재했는가? 이 물음에 답하려면 연구대상을 고유의 검증방법으로 고찰하는 과학적 학문인 역사학의 도움을 필요로 한다. 기독교가 인류에게 전하는 메시지 중 역사적 사실들이 차지하는 비중은 대단히 높다. 이면은 기독교가 지니는 커다란 특성 가운데 하나이다. 다른 많은 종교들이 단지 저승에 관한 생각들을 전파하거나 따라야 할 행동지침에 관해 가르침을 주는 것과는 대조적으로, 기독교 교리는 신이 인간의 미래를 결정하게 될 여러 역사적 사건 속에 직접 개입한다고 본다. 기독교는 신의 개입이 특정한 역사적 시기에 현실화되었다고 말하는데, 바로 예수님이 예언대로 지상에 출현을 하고, 죽음을 당하였으며, 부활하였다는 점을 들고 있다. 이처럼 기독교는 신의 현현을 역사적 현실의 맥락 속에 정확히 놓이게 한다.

나는 앞서 마태오(마태)복음 서두에서 예수의 가계가 아브라함까지 거슬러올라가서 기술된다는 말을 했다. 하지만 이 부분은 역사적 사실성을 갖춘 것으로 보기 힘들다. 역사가가 취하는 객관적 기술과는 거리가 멀기 때문이다. 한편 이점에서 루가(누가)복음은 더욱 심한 경우라 할 수 있는데, 예수의 혈통계보를 아담까지 거슬러올라가서 기술하기 때문이다. 반면에 루가(누가)복음은 당시의 상황을 기술할 때는 정확성을 기하고 있다. 예를 들어 루가(누가)복음은 세례 요한이 예수의 출현을 예언하는 대목을 이렇게 기술한다. "티베리우스 카이사르 15년, 빌라도 총독이 유대 땅을 다스리던 때에……". 루가(누가)는 이처럼 기술함으로써 본인이 하는 얘기가 실제로 있었던 일임을 나타내려 한다. 어느 특정 장소와 시기에 있었던 일련의 사건들이 인간 역사에 실제로 있었던 사실이란 점을 뒷받침하려 한 것이다. 루가(누가)는 자기가 사람들에게 전파하려는 복음서의 내용을 역사적 맥락 속에 위치시킨다.

오늘날 역사가들은 예수가 활동했던 당시의 팔레스타인에 관한 사료가 거의 존재하지 않는다고 말한다. 기독교 쪽 사료가 아닌 이상 예수의 존재를 암시하는 정도의 몇몇 사료만 존재할 따름이라고 한다. 서기 110년 고대 로마의 역사가인 타키투스는 기독교도(크리스천)들이 로마에 방화를 했다는 이유로 네로 황제에 의해 고발당한 사건을 언급했는데, 이들이 기독교도로 불리는 까닭은 "빌라도 총독에 의해 처형을 당한" 그리스도 때문이라는 기록을 남겼다. 젊은 플리니우스와 유대인 역사가 플라비우스 요세푸스는 로마 제국 내에서의 기독교도들의 존재와 이들이 일으킨 소요에 관해 암시하는 대목을 남기긴 있지만, 그리스도의 사도들이 주장하는 바와 같은 모습의 예수에 관해서는 이렇다할 기록을 남기고 있지 않다. 이런 사실로 보아 기독교가 태동하던 시기의 정황은 예수의 첫 제자들을 제외하면 당대인들의 주목을 거의 끌지 못한 것으로 보인다.

역사학적 검증을 거친 기독교 쪽 사료를 보더라도 이 점에 관해서는 주목할 만한 사료가 거의 존재하지 않는 형편이다. 예수가 살았던 시대와 가장 가까운 시기에 쓰인 기록으론 예수 그리스도가 죽은 지 20년이 지난 다음인 서기 50년경 성 바오로(바울)가 쓴 글이다. 하지만 성 바오로(바울)는 예수를 한 번도 직접 만나본 일이 없으며, 그의 생애에도 큰 관심이 없는 듯 보인다. 그의 주된 관심사는 예수의 죽음과 부활에 기초한 새로운 신앙의 전파였다. 그 이전의 정황에는 전혀 관심을 보이지 않았다.

공관(共觀) 복음서들은 예수의 생애에 관해 많은 이야기를 하고 있지만, 실상 이 텍스트들은 예수가 죽은 지 수십 년이 지난 다음에 쓰어졌다. 마르코(마가)복음의 경우는 서기 70~80년, 마태오(마태)복음은 서기 80~90년, 루가(누가)복음은 서기 95~100년에 쓰어졌다. 또 이 복음서들을 쓴 저자들에 관해서도 사실 알려진 바가 거의 없다. 마태오(마태)복음을 쓴 마태오(마태)가 예수님의 열두 제자 가운데 하나인 마태오(마태)와 동일인일 가능성은 매우 희박하다. 그런가 하면 루가(누가), 마르코(마가)는 성 바오로의 정신적 동반자였다. 이 두 사람이 예수의 생애를 직접 목격했을 가능성은 거의 없다.

마지막으로, 우리는 역사학자들이 취하는 과학적 시각으로 복음서를 바라볼 때, 예수의 생애를 복음서에 적힌 대로 '믿어야' 할 필요는 없다. 이렇게 말하는 까닭은 기독교를 상대로 논쟁을 벌이자는 뜻이 아니라, 다만 분별력을 가지고 사리판단을 하자는 의도에서이다.

오늘날 우리는 이 같은 관점에서 성경을 새로운 눈으로 바라보아야 한다. 예를 들어, 우리는 창세기가 예전처럼 성경이 들려주는 대로 세계가 창조되었던 순간을 이야기한다고 받아들일 수 없다. 창세기는 그 글이 씌어진 당시의 사람들이 우주와 인간의 기원에 대해 품었던 궁금증을 그들의 방식으로 나타낸 시적(詩的) 표현이다. 따라서 하느님이 아담과 이브를 창조하는 이야기의 사실성을 의심한다고 해서 이를 반종교적이라 할 수는 없다. 마찬가지로, 복음서의 일부 내용이 실제로 있었던 역사적 사실이 아니라는 의심을 품는다고 해서 기독교가 간직하는 메시지가 손상되는 것은 결코 아니다.

그런데 사실 우리가 보기에 더욱 중요한 문제는 성경에 적힌 예수의 행적이 역사적으로 실재했는가 하는 문제라기보다, 기독교 세계관에 따르면 인류의 역사가 최근 일처럼 그려지고 있다는 점이다. 기독교 성경을 자양분 삼아 성장한 이들에게는 인류의 역사와 우주의 역사는 동시대의 일이다. 성경은 우리 인류가 우주의 삼라만상이 창조되던 같은 '주(週)'에 창조된 것으로 그린다. 또 이 우주는 최후의 심판과 함께 종말을 맞이하게 된다고 예고한다. 기독교 세계관은 이처럼 인류의 역사와 우주의 역사를 불과 1만 년 남짓한 대단히 짧은 기간 동안 형성된 것으로 본다.

특히 20세기에 들어서서 활발하게 이루어진 과학의 발전은 이와 같은 기독교적 세계관을 부정한다. 오늘날 우리는 우주가 생성되고 나서 오랜 세월이 흐른 다음에야 비로소 인류가 지상에 모습을 드러냈으며, 지구로 말할 것 같으면 우주의 기원으로 간주되는 빅뱅이 있은 지 1백억 년이 지나서야 비로소 생성되었다는 사실을 알고 있다. 또 우리는 자연에서 벌어지는 무수히 많은 진화과정 중 한 결과로 탄생하게 된 인류가 태양계가 소멸할 시점보다 훨씬 이전에 지구상에서 사라진다는 사실을 알고 있다.

이처럼 인류의 역사는 우주의 역사에 비추어볼 때 한순간에 불과하다. 사실 우리는 우주가 생성된 때나 인류가 최초로 지상에 모습을 드러내던 때를 제대로 상상하기가 힘들다. 우주가 실제로 생성되던 순간을 상상하려면 무려 수십억 년 전으로 거슬러올라가야 하며, 인류의 출현을 그려보려 해도 수백만 년 전으로 거슬러올라가야 한다. 이런 머나먼 과거와 비교해볼 때 고작 수천 년에 불과한 민족의 역사나 문명사, 종교의 역사는 그야말로 너무나 하찮게 보여서 고대에 관한 몇몇 사실들이 실제로 있었는가 하는 문제는 의미가 없어 보이기까지 한다.

예수의 메시지와 내일

이렇게 볼 때 "예수 그리스도를 믿는다"는 것은 복음서에 적혀 있는 대로의 예수의 생애를 믿는다는 의미가 아니라, 예수가 말한 생각에 깊은 동감을 표시한다는 뜻이다. 예수님의 말씀이 실제로 복음서에 적혀 있는 대로의 정황에서 행해졌는가 아닌가 하는 문제는 사실 그리 중요하지 않다. 예수님 말씀의 요체는 말씀에 담긴 의미이며, 이 말씀에 비추어 우리 개개인이 어떻게 행동하느냐가 중요하다.

예수님의 말씀은 인간의 역사가 흐르는 동안 장소와 시대, 역사적 · 지리적 환경에 따라 사람들에게 제각기 다른 모습으로 받아들여졌지만, 이는 때론 관객들에게 눈속임을 펼치기까지 하는 무대장치에 불과하다. 우리는 연출에 자주 현혹되곤 한다. 하지만 중요한 것은 언제나 그 말씀이다.

예를 들어, 유대 백성을 시나이 산으로 인도했던 모세를 보자. 오늘날 역사학자들은 출애굽기에 소개된 것처럼 과거 수많은 사람들이 시나이 산 기슭에 모여 있었다는 이야기는 사실이 아니라고 보고 있다. 시나이 산을 정밀하게 발굴해보았지만 아무런 흔적도 발견할 수 없었기 때문에 성경에 적힌 일화가 사실이 아니란 의심을 품게 된 것이다. 이처럼 역사학자들이 성경에 등장하는 장소를 발굴하고 그 결과에 따라 역사적 사실성에 대해 의심하는 태도는 정당하긴 하지만, 성경이 전하는 메시지의 본질은 여기에 있지 않다. 모세가 실재했던 인물이건 아니건, 그가 시나이 산 정상에 정말로 올랐건 아니건, 또 그래서 그곳에서 신과 대면을 했든 하지 않았든

간에, 중요한 문제는 십계명의 내용이다. 중요한 것은 "살인하지 말라"란 계명이다. 이 생명의 계율을 둘러싼 정황들, 예를 들면 불타면서도 소진되지 않는 덤불의 일화 등은 연출술의 세부에 불과하다.

이 계명이 지닌 의미를 새겨보려면 로마에 있는 성 베드로 성당에 가서 미켈란젤로가 조각한 모세 상을 얼마간 지켜보기 바란다. 두 인물 중 한 사람은 하느님의 말씀을 전하는 예언자이고, 다른 한 사람은 이런 모세의 모습을 조각으로 표현해낸 예술가이다. 그러면 우리는 "너희는 살인하지 말라"라고 했던 하느님의 말씀이 얼마나 커다란 힘으로 인류에게 영향을 주었는지 실감할 수 있을 것이다.

마찬가지로, 루가(누가)복음이 전하고 있듯이 예수님이 빵 다섯 덩이와 물고기 두 마리로 5천 명을 먹였다는 이야기는 사실인가 사실이 아닌가는 그 자체로 중요하지 않다. 이 일화는 역사적 사실로서가 아니라, 루가(누가)가 예수님의 말씀에 얼마나 열중했는가를 보여주는 예로 삼아야 한다. 역사적 사실성 여부에만 관심을 갖는다면 간단한 산술 계산만으로도 이 일화에 담긴 허구를 간파할 수 있다. 5천 명의 군중은 50명씩 무리를 지어 식탁에 앉아 있고, 12명의 제자가 각기 바구니 하나씩을 들고 있다고 상상해보자. 이런 세부 사실들은 중요하지 않다. 우리는 이 일화의 사실성 여부를 믿건 믿지 않건 간에, 정말로 중요한 것은 예수님께서 군중 앞에서 하셨던 다음의 말씀을 우리가 어떻게 받아들이느냐 하는 것이다. "원수를 사랑하라. 너를 증오하는 자들에게 선을 베풀고, 너를 박해하고 헐뜯는 자들을 위해 기도하라."

성경에 적혀 있는 내용은 학구적으로 연구하고, 다른 분야와 비교를 하고, 검증하고 논박하는 성격의 글이 아니다. 성경은 우리가 수긍하거나 수긍하지 않을 수도 있는 인류 공동의 삶에 관한 프로그램이다. 헌데 이 프로그램은 혁명적이다. 왜냐면 성경은 성경이 씌어지던 시절 대부분의 사람들이 생명의 고귀함을 전혀 안중에도 두지 않던 시대 분위기와는 정반대 입장에 서 있었기 때문이다. 성경은 노예제도가 당연하게 여겨지고 서커스 놀음에 사람을 희생물로 바치던 시절에는 충격적으로 받아들여질 수밖에 없었다.

오늘날까지도 성경은 지배와 경쟁과 권모술수가 횡행하는 현대사회의 분위기와는 정반대 입장에 서 있다. 따라서 성경은 고대에 그랬던 것처럼 오늘날에도 마땅히 사회적으로 물의를 일으켜야 한다. 헌데 실상은 그렇질 못한데, 왜냐면 오늘날 우리는 예수 당대의 사람들보다도 너무나 약아져서 거북살스런 사상을 접하고도 못 본 척하는 데 능숙하기 때문 이다.

···그 외아들
우리 주 예수 그리스도님

사도신경은 하느님을 마치 인류의 아버지인양 소개한 다음, 아들이 하나 있다고 말한다. 이 구절은 모순이 너무 심하기 때문에, 우리는 이 구절을 사실에 대한 묘사로 보는 대신에 은유적으로 이해해야 한다. 이 구절에서 보는 것처럼 사도신경이 이미지를 빌어 표현한 까닭은 신성한 존재를 일컬으면서 단순한 말로는 정확하게 의미를 부여할 수 없기 때문일 것이다. 따라서 우리는 이 구절을 마치 신이 자식을 많이 둔 한 가정의 아버지이며, 예수님은 이 아이들 중 가장 사랑을 많이 받는 아들처럼 이해해서는 곤란하다. 이 구절의 문자적 의미가 설사 그렇다 하더라도, 이를 곧이곧대로 새기는 것은 오히려 여기에 담긴 메시지에 역행하는 태도일 것이다. 그렇다면 이 구절에 담긴 은유의 의미는 무엇인가? 과연 은유이긴 한 것인가?

이 구절은 오늘날 생명체가 세대교체를 이루는 과정을 설명하는 개념들이 무척이나 많이 바뀐 만큼, 자칫 잘못 해석될 위험성이 높다. 오래전부터 세대교체는 어버이와 완전히 같지는 않더라도 비슷한 개체를 재생산함으로써 이루어진다고 여겨졌다. 니케아–콘스탄티노플 버전 사도신경(이는 325년과 381년 두 차례의 공의회를 통해 확정되었다)도 이러한 개념을 강조해서, "예수님은 신으로부터 태어난 신이며, 빛으로부터 태어난 빛이며, 창조된 것이 아니라 잉태된 존재로서 하느님과 동일한 자격을 갖는다"라고 규정한다. 이 버전의 사도신경을 만든 사람들은 이처럼 '자격'이 온전히 전달된다는 점을 듦으로써 잉태하는 존재와 잉태되는 존재 사이에 연속이 이루어지고, 혈통계보가 재생산의 성격을 띤다는 점을 보여준다.

그런가 하면 오늘날 우리는 새 생명체의 잉태가 이와는 전혀 다른 방식으로 이루어진다는 사실을 알고 있다. 인류를 포함한 진화하는 모든 생명체는 재생산이 아니라, 생식에 의해 잉태되기 때문이다. 새 생명이 잉태되는 과정은 어버이와 비슷한 존재를 그저 재생산하는 것이 아니라, 매번 다른 요소, 뜻밖의 요소, 예측하기 힘든 요소를 만들어내기 때문이다. 잉태는 한쪽 어버이가 아니라 양쪽 어버이가 개입해야 한다.

사도신경을 만든 사람들은 혈통계보에 관한 은유를 도입하면서 어려움을 겪어야만 했을 것이다. 왜냐면 하느님과 예수님 사이의 관계를 규정하면서 아버지와 아들 사이에 본질적 동질성이 유지되고 있음을 표현해야 했기 때문이다. 오늘날 사도신경이 새로 씌어진다면 마땅히 이와는 다른 은유를 사용해야 할 것이다.

마찬가지 맥락에서 '주님'이란 말도 재고해야 한다. 이 말은 과거 신분사회일 때 특정 지역에서 절대 권력을 휘두르는 영주를 가리키던 것과 똑같은 말이다. 평등과 민주주의 원칙이 보편적 가치로 자리잡은 오늘날, 권위는 기능과 관계있는 말이지 결코 신분과 연관되어 있지 않다. 오늘날 하늘로부터 권력을 받았다고 주장하는 왕은 이 지상에 존재하지 않는다. 이런 까닭에 주(인)님이란 말은 더 이상 의미를 갖기 힘들다. 신을 주님으로 칭하는 태도는 신이 무료함을 떨치기 위해 우주를 만드는 일에 몰두했다고 주장하는 것만큼이나 잘못된 생각이다.

따라서 오늘날 사도신경이 우리 모두에게 아무런 거부감 없이 받아들여지려면 더 이상 예수님이 하느님의 아들이라거나, 주님이란 말을 사용하지 않아야 한다.

··· 성령으로 인하여
동정 마리아께 잉태되어 나시고···

이 구절은 생물학자, 구체적으론 유전학자의 의견을 필요로
하는 구절이다. 예수는 전적으로 인간이었다. 가톨릭교회도
이 점에 관해서는 단호한 입장이다. 신은 예수의 몸에 현현하
시어 "인간이 되었다". 예수의 몸은 여느 사람의 육신이나 다
를 바 없는 듯하고, 우리와 똑같은 신진대사를 보였다. 따라
서 우리는 예수의 육체가 어버이로부터 유전자를 받아서 만
들어졌다고 여길 수밖에 없다. 하지만 예수는 오로지 한쪽 어
버이로부터, 즉 어머니로부터만 유전자를 물려받았다. 다른
절반은 누구에게서 물려받았는가?

　예수가 성령의 도움으로 잉태되었다는 이 구절은 물론 생
물학적 현실과는 무관한 내용이다. 가톨릭교회는 이처럼 애
매모호한 표현으로 예수의 잉태를 이야기하는데, 새 교리문

답 그 어디에도 이 점에 관해 명확하게 설명하는 부분은 없다. 성령에 의해 '잉태' 되었다는 것은 영적으로만 그렇다는 얘기일 수밖에 없다. 따라서 이것은 23개의 염색체 내에 수만 개의 유전자 정보를 간직하는 정자와는 아무런 상관도 없는 이야기이다. 그런가 하면 예수가 완전한 인간의 형태를 띠기 위해서는 또 다른 반쪽인 어머니 성모 마리아의 난자도 여느 인간의 난자 이상이어야 한다.

예수가 남성이었다는 사실은 이러한 관점을 더욱더 강화시킬 따름이다. 예수가 물려받은 유전자에는 Y염색체가 있어야 한다(오늘날 우리는 여성은 부모로부터 두 개의 X염색체를 물려받고, 남성은 X염색체 하나와 Y염색체 하나를 물려받는다는 사실을 알고 있다). 예수는 남성만이 가질 수 있는 Y염색체를 어머니 성모 마리아로부터 물려받았을 수밖에 없다. 우리가 이런 질문을 제기하는 것은 고약한 심사에서 그런 것이 결코 아니다. 우리는 예수를 완전한 인간으로 보는 이상 어쩔 수 없이 이 같은 질문을 하지 않을 수 없다.

예전에는 어떤 사람인가를 이야기하려면 그 사람이 겉으로 드러내는 특징들을 열거해야 했다. 하지만 오늘날은 그 사람이 어떠한 생물학적 특징이 있는지 말을 해야 한다. 이를테면 그 사람의 혈액형이 무엇인지를 아는 일이 그 사람의 피부색이 어떠하다는 것보다 중요하다. 또 그 사람의 면역체계에 대해 아는 일이 그 사람이 곱슬머리인지 아닌지 하는 것보다 훨씬 많은 정보를 제공한다. 인류의 역사에 비추어볼 때 찰나에 불과하다고 할 수 있는 2천 년 전(우주의 역사에 비하면 거의 아무것도 아닌 세월이다), 우리 인간들 가운데 출현했던 예수는 만일 이런 시각이 가능했더라면 우리 앞에 전혀 새로운 모습으로 다가왔을 것이다.

도스토예프스키는 『카라마조프의 형제들』에서 예수가 다시 지상에 돌아오는 장면을 상상해보고, 또 그럴 때 교회가 예수를 격렬하게 배척하는 모습을 그렸다. 대심문관이 예수에게 떠나라는 명령을 내리는 것이다. 만일 도스토예프스키가 오늘날 이 소설을 다시 쓴다면, 예수의 혈액형이며 Rh인자 체계, 면역체계는 물론, 증명사진 곁에 46개의 염색체 배열 정보가 적힌 신상카드를 확보하고 있는 공중위생당국을 출현시킬지도 모른다.

우리는 "예수의 Y염색체는 어디에서 왔는가?"라는 질문에 도저히 답을 구할 길이 없다. 그렇다고 해서 이런 질문을 던져보지도 않는다는 것은 참다운 믿음을 가진 사람으로서 일관성을 저버리는 태도이다. 어쩌면 우리는 이런 의문을 훌쩍 뛰어넘어 질문 자체가 무의미하다고 말해야 할지도 모른다. 왜냐면 복음서가 우리에게 가져다주는 '복음(福音)'의 핵심은 다른 곳에 있기 때문이다.

마지막으로, 예수의 잉태에 성령이 역할을 했으며, 성모 마리아께서 처녀성을 간직했다는 이야기 등은 차라리 언급하지 않는 편이 좋을 듯하다. 이 이야기들은 뭇 군중을 현혹시킬지는 모르지만, 복음서가 간직한 메시지와는 전혀 관계가 없기 때문이다.

우리 인간이 처녀성을 간직한 여성의 도움으로 저승과 관계를 맺는다는 시각은 다른 여러 종교에서도 공통적으로 관찰되는 사실이다. 이는 비단 기독교만의 새로운 생각이 아니다. 우리는 해답을 구할 수도 없고 그 자체로 중요하지도 않은 이 문제에 집착하기보다는, 예수님의 말씀이 간직하고 있는 귀중한 메시지에 더욱 귀를 기울여야 할 것이다.

… 본시오 빌라도 통치 아래서 고난을 받으시고,
십자가에 못박혀 돌아가시고 묻히셨으며…

우리는 이미 앞에서 고대 로마의 역사가인 타키투스가 본시
오 빌라도란 로마의 총독이 팔레스타인 땅을 다스리던 때에
제자들에 의해 그리스도, 즉 메시아로 지목되는 어느 사람이
십자가에 못박혀 죽은 일이 있다고 기록에 남겼다는 사실을
언급했다. 하지만 이 로마의 총독이 보기엔 예수의 죽음은 그
리스도의 제자들이 일으킨 소요보다도 중요하지 않은 사건으
로 여긴 듯하다. 또 다른 로마의 역사가인 스베토니우스는 서
기 100년경 그로부터 반세기 전 로마 황제 클라우디우스에 의
해 기독교도들이 로마에서 추방된 사건을 기록에 남겼다. 이
들은 로마의 유대인 사회를 동요케 하는 주동자로 지목되었
다. 이러한 사실을 통해서도 볼 수 있듯이, 역사는 복음서가
그리고 있듯이 예수의 죽음을 둘러싼 정황을 나름대로 증언

하는 셈이다. 그런가 하면 루가(누가)복음에 적혀 있듯이 예수가 죽는 순간 천지를 어둠으로 뒤덮었다는 일식현상은 의심해보지 않을 수 없다. 당시 일식이 있었다는 증거는 그 어디에서도 찾아볼 수 없기 때문이다.

한편 역사가라면 '묻히셨으며' 란 표현에 놀랄 것이다. 왜냐면 십자가에 못박혀 죽은 사람은 십자가에 그대로 놔두는 것이 당시 로마의 풍습이었기 때문이다. 하지만 이에 대한 답은 복음서 안에서 찾아볼 수 있는 것 또한 사실이다. 네 복음서는 모두 예수의 제자 중 한 사람인 아리마대의 요셉이 빌라도 총독을 찾아가 예수의 시신을 거둘 수 있도록 허락해달라고 청했다고 전하기 때문이다. 그 후 예수의 시신은 수의에 덮여 조각이 새겨진 바위 동굴 안에 매장되었다.

서양 역사에 엄청난 영향을 미치게 될 예수의 죽음은 당시 사람들의 주목을 거의 받지 못했다. 빌라도 총독은 예수의 죽음을 로마에 장궤를 올려 보고할 만큼 중요한 사건으로 생각하지 않았다.

저승에
가시어…

즉, 예수님이 죽은 사람들이 머무르는 곳에 가셨다는 뜻이다. 사도신경은 예수님이 전적으로 인간이란 점을 강조한 다음, 금요일 오후 3시에 마지막 함성을 토한 후 일요일 부활절에 되살아나시기 전까지 여느 사람들이나 마찬가지로 죽은 몸이었다고 말한다. 적어도 예수님은 십자가에 못박혀 돌아가시고 부활하시기 전까지는 마지막 심판의 날을 기다리는 거대한 인간 망자(亡子)의 일원에 속하셨다. 그곳은 우리보다 앞서 죽은 과거의 사람들이며 앞으로 죽게 될 사람들이 가야 하는 곳으로, 세상이 종말을 고할 때까지 현대의 인류는 물론이고 인간이면 누구나 가야 할 곳이다. 예수님은 여느 인간처럼 죽은 영혼들이 모인 저승에 가셨으며, 그곳에서 전혀 특권을 누리지 못하셨다. 예수님은 온전한 인간으로 죽음을 맞이하셨으며, 저승에 가서도 인간이셨다.

사도신경의 이 구절은 예수 당시에 존재했던 신화들을 그대로 반영한다. 이 신화들이란 세계의 창조나 종말에 관한 신화로, 인간의 역사와 우주의 역사를 시간의 흐름 속에서 획을 긋는 대사건들로 서술했다. 따라서 이 신화들은 지상의 삶과 내세의 삶 사이에 자연스레 중간 단계의 시간적 공간을 설정하였다. 이 공간이 바로 저승이다.

인류의 정의

저승이란 개념은 오늘날 인류의 시작과 종말이란 물음에 충분한 답변을 들려주지 못한다. 신이 최초의 인간인 아담을 진흙으로 빚어서 창조했으며, 세상의 종말을 인간이 지켜보리라고 믿었던 과거에는 모든 것이 분명했다. 하지만 지상에 존재하는 모든 생명체는 언제 처음의 종이 다음 종으로 바뀌게 되었는지 정확하게 알 수 없는 가운데, 무척이나 오랜 세월이 흐르면서 진화를 거듭했다고 보는 오늘날은 모든 것이 불투명해졌다.

인간의 종에 속한다는 것은 정확히 무엇을 의미하는가? 오늘날 '호모(*Homo*)'는 5∼6백만 년 전에 다른 영장류들로부터 떨어져 나와 진화했다고 보는 것이 정설이다. 그 후 인류는 'Homo habilis(도구를 쓰는 인간)', 'Homo erectus(직립인)', 'Homo sapiens(지혜 있는 인간)'의 차례로 진화를 거듭했다. 하지만 그 경계가 불확실해서 언제부터 진정한 인간으로 쳐야 하는지 확실하지 않다. 사도신경에 따르면 '저승'은 죽은 사람들로 가득하다고 하는데, 과연 언젯적 인간부터 그러한 것인가? 지금으로부터 3백만 년도 더 된 머나먼 과거에 죽었지만 시신의 뼈를 고스란히 복원할 수 있었던 그 유명한 루시도 지금 저승에 머물고 있는가?

나는 기독교를 조롱하기 위해 이런 질문을 던지는 것이 아니다. 내가 이런 질문을 던지는 이유는 다만 지금이 과거와 달라졌다는 점을 말하고 싶기 때문이다. 사도신경이 '저승'을 언급하는 이상, 그곳에 누가 머물고 있는지 분명히 해야 한다.

마지막으로, 지상의 삶과 영원한 삶 사이의 중간에 있는 저승이란 개념은 시신이 4일째 되는 날부터 부패하기 시작한다는 믿음에 부합하는 생각이다. 오늘날 우리는 설사 사람이 죽더라도 신체조직은 산 사람의 신체조직이나 다를 바 없으며, 다만 죽은 사람의 신체는 또 다른 형태의 생명 활동으로 채워진다는 사실을 알고 있다.

생명의 정의

오늘날 과학은 생명에 관해 과거와는 근본적으로 다른 생각을 제시한다. 예전에는 죽은 사람의 육신은 생명이 없다고 여겼다. 육신을 가진 사람이 사람의 전부라고 한다면 맞는 얘기지만, 사람의 육신을 구성하는 각각의 요소들의 관점에서 보자면 틀린 얘기이다. 다시 한 번 강조하지만, 죽은 사람의 육신은 생명으로 가득하다.

　인간은 죽음을 맞이하더라도 육신을 구성하는 물질들 사이에는 여전히 에너지 교환이 활발하다. 다만 죽은 다음에 이루어지는 신진대사는 살아 있을 때와는 다른 목적을 지향할 따름인데, 시신은 이런 과정을 거치는 동안 다른 생명체들을 살찌우게 된다. 사람이 죽음으로써 상실하게 되는 것은 스스로를 하나의 통합된 전체로 느끼는 능력, 특히 존재한다고 느끼는 능력과 또 이 존재감을 의식(意識)이란 놀라운 활동을 통해 나타내는 능력이다. 따라서 인간이 죽는다는 것은 신진대사가 자기가 아닌 다른 생명체들을 위해 활동하도록 급격하게 바뀌는 것을 의미할 뿐만 아니라, 급작스레 그리고 영원히 '나'를 생각하지 못하게 된다는 점이다.

이런 시각은 사람이 죽으면 잠시 '저승'에 머물게 된다는 생각과는 전혀 무관하다. 잠시가 얼마 동안인지도 알 수 없기 때문에 더욱 그러하다. 예수가 살던 시대 사람들은 세상의 종말과 최후의 심판을 같은 시기로 보았다. 하지만 오늘날 우리는 인류의 종말과 우주의 종말은 전혀 상관이 없는 별개의 두 사건으로 생각한다. 따라서 지상의 삶과 영원한 삶 사이에 잠시 들렀다 간다는 중간 단계의 공간은 필요치 않다. 지금 이 순간이 바로 영원이기 때문이다.

그런가 하면 예수님이 영원한 삶을 얻기 전 3일간을 이 임시 거처에 머물렀다고 하는 사실은 예수님의 신적 자격에 부합하지 않는다. 신이라면 의당 전능하심을 가지고 있을 텐데, 어떻게 저승에 가야 했단 말인가? 사도신경의 이 구절은 겉으로 드러내놓지는 않지만 뭔가 석연치 않은 승리감을 풍긴다. '저승'은 신과 원수관계인 마귀를 연상시키는 말이 아닌가?

사흘날에 죽은 이들
가운데서 부활하시고…

우리는 이 구절에 이르러 커다란 갈래에 접어드는 셈이다. 왜냐면 엄청난 사건, 도저히 상식적으로 불가능한 일에 맞닥뜨리기 때문이다. 이 구절에서 보듯이 그 누구도 거역할 수 없는 죽음이 부인되고 그래서 존재에 가해지는 변모가 항구적이 아니라 한다면, 우리는 이제까지 우리가 지니고 있던 가장 굳건한 신념들을 바꿔야 한다. 우리의 이성은 사도신경이 지금 말하는 바를 도저히 받아들일 수 없다. 우선, 돌무덤에 매장되었던 시신이 사라졌다. 그런 다음, 죽은 육신의 주인이 3일 동안 산 자들의 세상을 떠났다가 다시금 생생한 모습을 드러냈다.

과학자라면 자기가 연구하는 대상의 진실 여부를 언제나 확인하는 습관이 있기 때문에, 이런 진술과 마주칠 때 의당 의심을 품지 않을 수 없다. 하물며 과학자라면 이 구절에서 진술되는 방식대로 절대 사건이 일어날 수 없다고 거의 확신에 차서 단언할 것이다.

그럼에도 불구하고, 이 구절은 기독교 교리의 핵심을 이루는 부분이다. 성 바오로는 고린도전서에서, "그리스도께서 부활하지 않으셨다면 우리가 하는 전도는 모두 헛된 것이다"라고 했다. 성 바오로는 예수의 부활이 없다면 모든 기독교 교리가 붕괴되고, 그저 막연한 믿음에나 의존하는 셈이라고 보았다.

그렇다면 다음의 두 암초 사이를 비켜갈 수 있는 방도는 없을까? 하나는 그 어떤 인간의 경험에 의해서도 불가능한 것으로 여겨지지만 기독교에선 실제로 있었다고 말하는 사건이고, 다른 하나는 그럼에도 불구하고 2천 년 동안 서양의 모든 문화와 문명, 사회가 바로 그 믿음 위에서 발전해왔다는 사실이다.

신앙인으로서의 기독교인이라면 이 문제에 봉착했을 때 '신앙의 신비'란 말 뒤에 피신하는 수밖에 없다. 이는 다시 말해, 부활절 바로 전날 밤에 있었던 일에 관해서는 비판정신을 잠시 유보시키는 것이다. 하지만 인간의 이성 능력을 인간이 획득한 가장 멋진 능력으로 생각하는 사람이라면, 이와 같은 태도는 스스로 패배를 인정하는 것이라고 하지 않을 수 없다. 그야말로 우리 인간이 가진 능력을 한껏 발휘해야 하는 대단히 심각한 문제가 아닌가. 기독교인이라면 어떻게 신이 우리에게 논리적 사고력과 지성을 부여한 점에 대해 감사하면서도, 우리가 신의 곁으로 가장 가까이 다가가려 할 때에는 바로 그 능력을 포기한단 말인가?

물론 오늘날의 과학적 사고도 과거의 엄정했던 결정론적 시각을 버리고 유연한 태도를 취하는 몇몇 분야가 있는 것은 사실이다. 예를 들면, 물리학자들이 '터널 효과'라고 부르는 현상이 있다. 이는 미립자가 현재까지 알려진 바로는 도저히 불가능하다고 여겨지는 행로를 따라 이동하는 현상을 일컫는다. 따라서 양자역학적으로 볼 때, 이러한 현상이 일어날 수 있는 가능성을 제로라고 상정할 수는 없는 노릇이다. 그런가 하면, 상자 안에 가둬놓은 고양이에 관한 슈뢰딩거의 역설은 양자역학이 지닌 이론적 허점을 잘 보여준다. 그가 상정한 실험에 따라 상자 안에 가둬놓은 고양이는 밖에서 관찰할 수 없는 상태로, 죽은 것도 아니고 산 것도 아닌 묘한 상황에 놓이는 셈이 된다. 그렇긴 하지만, 미립자의 세계에서 추론되는 현상을 우리가 직접 목격할 수도 있는 거대세계에 그대로 적용하는 것은 올바른 태도는 아닐 것이다.

어쨌든 나는 어떠한 경우에 복음서가 전하는 대로의 예수의 부활은 현실적으로 '가능한' 사건이라고 인정할 수 없다. 이 사건은 믿을 수 없는 사건이기 때문에, 모든 이성적 판단을 배제한 종교적 신념이 아니고서는 도저히 사실로서 받아들일 수 없다.

하지만 무엇의 이름으로 이를 믿는단 말인가? 있을 수 있는 유일한 대답은 그렇게 대답함으로써 초래할 결과를 예상하고 대답할 수밖에 없다는 것일 게다.

예수님의 부활이 인간의 역사에 편입되는 실제로 있었던 사건이라면, 우리는 예수님이 죽기 전 인간에게 주었던 교훈을 진지하게 받아들이고, 예수님이 우리 각자에게 삶의 목표로 제시했던 대로 삶을 구축해 나가야 한다. 신앙은 동참으로 이끈다. 이것이 바로 성 바오로가 제시했던 길이기도 하다.

하지만 우리는 그 반대의 길을 걸을 수도 있다. 예수님이 "너희는 서로를 사랑하라"라고 하셨던 말씀처럼, 우리 인간이 서로 함께 살아가는 방식이야말로 우리의 명증한 의식이 우리에게 제시하는 인간의 특수성에 부합하는 유일한 길이기도 하다. 이 생각에 동참하는 것이야말로 예수님의 신성을 믿고, 예수님의 부활을 믿는 길이 될 수 있다. 그렇긴 하지만, 반드시 예수님의 실제적인 부활을 믿을 필요는 없다.

하늘에 올라 전능하신 천주 성부 오른편에 앉으시며
그리로부터 산 이와 죽은 이를 심판하러
오시리라 믿나이다…

우리는 이 구절이 내세에 관해 너무도 구체적으로 그리고 있기 때문에(하늘은 매우 높은 곳에 있으며, 오른편은 왼편보다 더욱 숭고하다고 생각된다), 기독교의 근본을 이루는 텍스트가 어쩌면 이토록 단순하기 짝이 없는 은유들을 사용하고 있는지 놀라지 않을 수 없다. 니케아 공의회에서 사도신경의 텍스트가 이렇게 정해진 이래 화가들은 종교적 걸작품을 생산해내기가 수월해졌다고도 할 수 있다. 하지만 이들이 그린 종교화는 기독교의 본질을 내면화하고자 노력하는 사람들의 짐을 결코 덜어주지 못했다. 도리어 짐을 가중시켰다고 봐야 한다. 왜냐면 이 그림들은 내세를 너무도 구체적으로 재현하여 우리가 이미지 너머 상징의 의미를 찾고자 기울이는 노력을 오히려 방해하기 때문이다.

이런 와중에 이 구절에서 가장 이해하기 힘든 대목은 심판이 예고된 부분으로, 어찌된 까닭인지 전능하신 신이 그 역할을 그의 아들인 예수님께 일임하는 대목이다. 신은 어째서 그 역할을 자임하지 않는 것인가? 어쩌면 전능한 신은 모든 일을 관장하기 때문에 당신의 아들에게 그 역할을 맡기는 것 또한 당연할지도 모른다. 신의 역사(役事)는 인간을 통해 이루어지기 때문에, 만일 신이 심판의 역할까지 맡게 된다면 어떻게 객관적이라 할 수 있겠는가?

하지만 최후의 심판이란 개념은 인간의 모험을 미리 짜여진 테두리 내에 가두는 개념이다. 인간의 모험이란 우리 개개인에게 부여된 시험을 이겨내야 하는 과정을 뜻한다. 이를테면 인간의 역사는 마치 생쥐를 대상으로 실험을 하는 실험실의 상황과 크게 다르지 않다. 생쥐는 미로를 제대로 빠져나올 수 있을 것인가?

인류가 벌이는 거대한 항해는 어쩌면 종착점에서 두 부류로 나뉘는 상황에 이를지도 모른다. 성공한 자와 성공하지 못한 자. 헌데, 우리는 이보다 더욱 웅대한 풍경을 꿈꿔야 하지 않겠는가?

성령을
믿으며···

앞에서 이미 말한 것처럼, 나는 새 교리문답에서 성령이란 말
의 정의를 찾아보았지만 허사였다. 대신, 다음과 같은 구절이
있었다. "성령은 우리에게 신앙을 불러일으킨다." 이 구절 말
고도, 우리가 성령을 어떤 태도로 대해야 하는지에 관한 구절
도 있었다. "성령을 신앙 속에 맞이할 것." 이 두 문장을 합치
면 도저히 침투가 불가능한 원이 그려지는 셈이다. 왜냐면 우
리에게 성령이 임하려면 신앙을 가지고 있어야 하고, 또 이
신앙은 성령으로부터 비롯할 뿐이란 논리이기 때문이다. 성
령에 관한 모든 진술은 이를테면 폐쇄회로와 같아서, 이미 설
복당하기로 작정한 사람에게만 그 역할을 하는 듯이 보인다.
　이런 논리적 폐쇄성은 칼뱅이 주장했던 예정설을 연상시
킨다. 칼뱅의 예정설은 신이 인간의 과거는 물론 미래까지도

주관한다는 전지적(全知的) 입장의 자연스런 논리적 귀결에서 나온 것이다. 헌데 이 미래란 우리 개개인의 구원이나 영벌에 관한 것이다. 우리의 영혼이 앞으로 어떤 길로 접어들게 될지 이미 정해져 있다는 것이다.

이 같은 생각에 반론을 제기하려면 시간의 순차적 진행을 거스르지 않고서는 딱히 다른 방도가 없어 보인다. 헌데 내가 앞서 지적했듯이, 사실상 과학적 사고는 특수 상대성이나 일반 상대성, 또는 우주의 팽창을 이론화하면서 이와 같은 통상적 시간 개념을 이미 여러 차례 문제 삼게 되었다. 시간의 흐름은 여러 철학자들이 생각하는 것처럼 발생하는 사건들과 무관하게 규칙적으로 흘러가는 것이 아니라, 바로 그 일련의 사건들이 만들어낸다는 사실이 밝혀졌다. 따라서 시간이란 미리 설정된 테두리가 아니라, 하나의 결과라는 것이다. 연극의 비유를 빌자면, 시간은 배우들이 연기를 하는 무대가 아니라, 바로 배우들 중 한 명인 셈이다.

그리스 신화를 예로 들면 더욱 이해하기가 쉽다. 고대 그리스인들은 크로노스*가 제우스 신의 아버지로, 시기적으로

---

* 그리스어로 '시간'이란 뜻이다.

그보다 앞선 신으로 생각했다. 천지를 관장하는 제왕신인 제우스신은 따라서 이미 시간의 굴레 속에 얽혀 있는 셈이다. 우리가 칼뱅의 예정설에서처럼 완전히 자유를 박탈당한 존재라는 주장이나, 성령의 활동에서 보듯이 논리적 폐쇄회로에서 벗어나려면, 신이 시간의 속박 바깥에 있다고 상정해야 한다. 하지만 시간의 굴레를 도저히 벗어날 수 없는 우리 인간으로서는 그런 신과 영영 만날 수 없지 않은가?

거룩하고 보편된
교회를 믿으며…

솔직히 말해, 같은 문장 안에서 성령을 일컬으며 썼던 형용사
(성 / 성스런)를 가톨릭교회가 다시 한 번 스스로에게 적용하
는 것을 보면서(거룩한) 어지간히 뻔뻔하다는 생각을 금하기
힘들다.

사실 신성이란 말은 명확히 규정된 말로, 교회는 신성을
가진 인물, 즉 성인들을 모든 신도들이 따라야 할 귀감으로
제시하고 있다. 가톨릭교회는 시복(諡福)이나 시성(諡聖)을
위해 복잡한 절차 내지 '소송' 과정을 두고 있기 때문에 조금
이라도 의심스러운 경우는 절대 성인의 반열에 오를 수 없다.

그렇다면 로마 가톨릭교회를 두고 '소송'을 벌일 경우, 교
회는 과연 거룩하다는 결론을 얻을 수 있는가? 물론 로마 가
톨릭교회가 적지 않은 기적을 이룬 것은 부정할 수 없는 사실

이지만, 그럼에도 가장 놀라운 사실은 교회가 무려 2천 년 동안 수많은 잘못과 여러 비열한 행적에도 불구하고 아직까지 생존해 있다는 점이다.

사실상 이와 같은 공적은 교회가 애초에 지녔던 목표에서 이탈했기 때문에 가능했다. 처음에 가톨릭교회는 '복음'을 전파하고 사람들에게 인간다움을 간직하며 살아가도록 설복할 목적으로 세워졌지만, 나중에는 사라지지 않고 살아남는 것을 가장 커다란 생존의 이유로 삼기에 이르렀다. 그래서 교회는 너무 커다란 목소리를 내어 생존을 위협당할지도 모르는 경우, 여러 차례에 걸쳐 기독교 정신을 망각하거나 소홀히 했다.

교회는 처음부터 본래의 목적에서 벗어났다. 특히 초창기 기독교를 다지는 데 커다란 역할을 했던 성 바오로(바울)의 경우가 그러하다. 성 바오로(바울)는 다마스를 향해 길을 가던 중 단번에 깨우쳐서, 이제껏 자기가 그리스도의 추종자들을 그토록 모질게 공격을 해왔던 태도를 바꾸고 그리스도의 사상을 섬기게 되었으며, 유대인 사회 너머까지 포교를 하는 임무를 스스로 떠맡았다. 그러면서 그는 이내 그리스도교의 수장이나 된 듯한 어조를 취했다. 예수님이 산상수훈을 통해 행복을 이야기하시던 것과, 성 바오로가 고린도인들에게 보내는 편지에서 심판이며 복종을 이야기하는 것은 그 얼마나 판이한 태도인가!

2천 년이 흐른 오늘날 성경을 다시 읽어보면, 예수님은 당신의 말씀을 들으려고 모여들었던 당시 사람들이나 오늘을 사는 사람들에게도 마찬가지로, 모든 사람들을 대상으로 말씀을 하신다는 생각을 하게 된다. 왜냐하면 예수님은 우리 개개인이 살아가는 여정에 의미를 부여할 수 있도록 길을 열어주시기 때문이다. 예수님의 말씀은 시간의 속박을 넘어선다. 반면에 성 바오로는 서기 55년의 그리스를 상대로, 오늘날은 더 이상 의미를 갖기 힘든 당시의 시시콜콜한 생활상을 문제 삼는다. 이런 비교를 하다 보면, 20세기 초에 활동했던 프랑스의 가톨릭 작가 샤를르 페기가 말한 '신비한 경험이 정치로 변질되는 모습'을 자연스레 떠올리게 된다.

처음 기독교는 새로운 생각을 만들어낸다는 흥분과 열의 속에서 시작되었다. 물론 성 바오로가 살았던 때는 포교를 하려면 어쩔 수 없이 현실에 부응해야 하는 필요성이 대두되었던 시기이다. 그래서 성 바오로에게는 인간의 위약함을 인정하고, 위약한 사람들이 스스로를 넘어 드높은 목적에 이를 수 있도록 인도를 해야 했다. 또 그러기 위해선 커다란 구조, 즉 교회가 필요했을 것이다. 하지만 이렇게 해서 일단 교회가 들어선 이후에는, 교회가 깨달음에 봉사하기보다는 효율성에 봉사하게 되는 위험성이 그만큼 커졌다. 로마 가톨릭교회의 역사를 보면, 교회가 스스로 진리를 쥐고 있다고 자부하면서도 진리를 섬기기보다는 권력을 놓치지 않으려는 유혹에 자주 빠져들었다는 사실과 마주치게 된다.

그 결과, 교회는 서기 325년 동로마제국 콘스탄티노플 황제의 개종을 계기로 일시적으로 세속적 권력을 쥐기에 이른다. 여기에 대해서 신학자 장 카르도넬은 이렇게 말한다. "권력이 기독교와 결합함으로써 권력이 기독교화된 것이 아니라, 오히려 기독교가 권력의 모든 주름을 떠안게 되었다." 불행하게도 교회를 둘러싼 치욕의 사례는 너무도 많다. 가장 최근의 일로, 도저히 용납할 수 없는 두 사례만 들어보자. 우선 19세기에 있었던 일로, 프랑스 가톨릭교회가 로마 교황청의 동의를 얻어 '나폴레옹 교리문답'을 펴낸 예가 있다. 20세기에 있었던 일로는, 교황 비오 12세가 유대인 학살에 대해 침묵으로 일관했던 사례를 들지 않을 수 없다. '신을 죽인 백성'

이란 기괴한 개념이 마지막으로 역사의 현장에 모습을 드러
냈던 끔찍한 사건이다.

　가톨릭교회를 거룩하다고 칭하는 것은 절대 용납할 수
없는 일이다. 신에 대한 '신앙'과 교회에 대한 '믿음'을 혼
동하는 것은 섞여서는 곤란한 장르를 섞어놓는 사기술일 따
름이다.

모든 성인의
통공을 믿으며…

우리가 '성인의 통공(通功)'이란 말을 통상적인 의미로 새기
려면 도대체 이 말이 무엇을 뜻하는지 잘 모르지만, 중요하
면서도 자주 망각되는 다른 개념과 이 구절을 결합시켜서 생
각하면 좋을 듯하다. 바로 '통공'의 의미를 '함께 함, 동참'
이란 풍요로운 뜻으로 새겨보는 일이다. 사실 이 뜻은 '통공
(communio)'이란 말의 본래 뜻이기도 하다. 우리가 이 말을
이렇게 새길 때, 불행하게도 사람들이 자주 같은 것으로 혼동
을 하는 '더하기'와 '그리고'란 말의 차이를 깨닫게 된다. 예
를 들면, '2 더하기 2'는 4지만, '2 그리고 2'는 4 말고도 다른
수를 만들 수도 있다. 이를테면 22란 수를 만들어낼 수 있다.
'그리고'란 말의 범위가 무엇이냐에 따라 결과가 얼마든지
달라질 수 있다. 마찬가지 이치로, 함께 한다는 의미가 그저

더해진다는 의미라면 결과는 그리 신통치 못하다. 하지만 함께 한다는 의미가 서로에게 영향을 줄 수 있는 두 존재의 결합을 뜻하면, 그 결과는 전혀 예측하지 못했던 뜻밖의 모습, '미증유'를 가져다줄 수 있다.

지금 내가 말하는 두 존재간의 상호작용은 과학에서 말하는 복잡성의 개념과 유사하다. 과학은 물질의 구조가 복잡할 때, 다시 말해 여러 요소간의 관계가 단순히 더해지는 관계가 아닐 때, 개개의 요소들이 나타내는 특성과는 전혀 다른 뜻밖의 결과를 만들어낼 수 있다고 본다. 우리가 평소에 늘 접하는 물질인 염화나트륨, 즉 소금을 예로 들어보자. 소금은 우리 몸에 아무런 해도 주지 않지만, 화학적으로 보면 질식성을 가진 염소와 폭발성을 가진 나트륨이란 극히 위험한 두 물질이 결합해서 만들어진 것이다. 그런가 하면 우리는 개별적으로 염소나 나트륨에 관해 제아무리 상세히 알고 있더라도, 이 두 요소가 가진 성질들이 함께 함으로써 만들어진 염화나트륨에 관해서는 아무런 정보도 얻을 수 없다.

우리는 똑같은 생각을 고도로 복잡한 구조를 가진 사람들 사이의 '함께 함'에도 적용해볼 수 있다. 우리 모두가 서로 '공감(communio)'을 이뤄서 활달한 하나의 공동체를 형성함으로써 이룰 수 있는 것은 우리가 뿔뿔이 흩어져 이룰 수 있는 것들을 모두 합한 것과는 다른 성격을 지닐 것이다. 우리는 바로 함께 함을 이룰 때 비로소 놀라운 힘을 발휘하며, 우리 스스로의 존재를 의식하고 또 자유와 형제애라는 소중한 가치에 눈뜨게 된다.

이렇게 볼 때, 사도신경의 이 구절은 '성인들', 다시 말해 인류에 속하는 이분들 모두가 하나의 공동체를 이뤄서, 인류의 구성원 개개인에게 혼자서라면 도저히 이룰 수 없는 가능성을 마련해준다는 의미로 새길 수 있다. 이는 바로 예수님이 "너희가 함께 할 때 내가 너희 중에 있느니라"라고 하셨던 복음서에 담긴 참뜻을 의미하지 않는가? 우리가 함께 모일 때, 우리가 반목과 경쟁이 아닌 열린 마음으로 하나가 될 때, 비로소 예수님이 '나'라고 했던 말씀은 새로운 세상을 가리킨다.

바로 이런 생각의 연장선에서, 예수님은 산상수훈에서 다음과 같은 말로 우리에게 삶의 프로그램을 제시하셨다. "원수를 사랑하라. 너를 증오하는 자들에게 선을 베풀고, 너를 박해하고 헐뜯는 자들을 위해 기도하라."(마태오〔마태〕복음 5장) 이 말은 우리가 언제나 선한 마음을 가지라는 뜻이 아니다.

이 말은 깨달음에 따르는 논리적 필연이다. 인류의 하나 됨, 즉 '통공(通功)'으로 인하여 새롭게 펼쳐질 가능성을 누리려면 다른 사람들과 하나의 전체를 이룰 수 있어야 하고, 타인을 위험이나 적이 아닌 원천으로 삼을 줄 알아야 한다. 이 말은 믿음이 아니라 리얼리즘을 문제 삼는 말이다.

하지만 불행하게도 복음서의 이 구절은 현대사회를 지탱하는 가치들과 근본적으로 상충한다. 왜냐면 오늘날은 경쟁을 개인적으로나 집단적으로 활동력의 원천으로 보기 때문이다. 효율성이야말로 최고의 가치로 꼽힌다. 그래서 자기가 유능하다는 점을 증명하려면 끊임없이 다른 사람을 이겨야 한다. 이는 바로 '모든 성인의 통공'을 거부하는 태도가 아닌가?

죄의 용서와 육신의 부활을 믿으며
영원한 삶을 믿나이다

이 세 진술은 서로가 서로를 비추어줄 때라야 의미가 있다.
따라서 이 세 진술 모두에 공통되는 의미가 무엇인지 물어야
한다.

내가 어린 시절 이 세 진술을 대하면서 있는 그대로 믿었
을 때처럼, 비판정신을 버릴 수만 있다면 얼마나 편하겠는가!
이 세 진술은 그야말로 우리에게 멋진 선물을 안겨준다. 하지
만 내용이 텅 빈 선물이다. 바로 우리 모두가 두려워하는 죽
음을 부인하고 있기 때문이다. 이 말을 그대로 믿는다는 것은
그 얼마나 순진하고 멋진 일인가? 죽음은 잠시라고 한다. 시
신은 그저 외양만 그럴 뿐이다. 죄를 지은 후 갖게 되는 양심
의 거리낌도 말끔히 사라진다고 한다. 우리가 이런 말을 어떻
게 믿고 싶지 않겠는가? 이 말들이 전하는 내용을 목가적 풍

경으로 그린 그림을 어느 종교단체에서 만든 책자에서 본 일이 있다. 그림 속에서 노인들과 아이들은 건강한 모습으로 환하게 웃고 있었다.

우리의 안락을 위해선 불행한 일이고 우리의 명증한 의식에는 다행스런 일이지만, '성령'만큼이나 효율적인 우리의 비판정신은 이런 말에 결코 쉽사리 넘어가지 않는다. 이 말은 죽음이 존재하는 않는 세계를 전제하는 셈인데, 어찌 이 말을 곧이곧대로 믿을 수 있겠는가.

'영원성'이란 말 뒤엔 무엇이 숨어 있는가? 바로 끝없는 시간의 지속, 무한히 이어지는 시간일 게다. 하지만 수학자들은 이미 이 무한성이란 개념을 여러 차례 연구한 결과, 무한히 쪼개지면서도 더욱더 많은 요소들을 동반하는 또 다른 무한들로 끝없이 이어질 따름이었다. 그렇다면 우리는 어떻게 하면 사도신경이 전하는 이 '담론의 대상'을 영원성이란 직관과 연관시킬 수 있을 것인가?

이번에는 수(數)가 아니라, 시간의 개념으로부터 새로운 해석을 시도해보자. 예컨대 성 아우구스티누스가 그랬던 것처럼 시간은 사건들의 연속으로 만들어진다고 인정할 때, 우리는 결국 영원성이란 시간이 흐르지 않는 상태라는 결론에 이른다. 따라서 영원성 안으로 진입한다는 것은 우리가 몸담은 시공의 세계를 떠난다는 말이 된다. 하지만 우리의 상상력으론 도저히 그런 세계를 그려볼 수 없다.

나는 앞에서 생명을 정의하는 게 결코 쉬운 일이 아니며, 생명이 없는 세계와 '살아 있는' 세계 사이에 뚜렷한 경계를 긋는다는 것이 불가능한 일이라고 했다. 헌데, '영원한 삶'이란 표현은 이 말을 이중으로 이루는 형용사와 명사 때문에 더욱 이해하기가 어렵다.

육신의 부활이란 말은 이런 논리적 어려움을 더욱 가중시킬 따름이다. 이 말을 문자 그대로 새기면, 이는 곧 나의 육신이 죽어서 먼지가 되더라도 나중에 죽기 전과 똑같은 능력을 다시 발휘할 수 있도록 재구성된다는 뜻이다. 하지만 나의 육신은 나름대로 장구한 역사를 가지고 있다. 나의 육신은 아기였다가 아이, 청소년, 성인, 노년의 과정을 차례로 겪었다. 이런 여러 모습 중에서 나중에 어떤 모습으로 부활한단 말인가? 이를테면 내가 육체적으로 가장 왕성한 활동을 하던 청소년의 모습으로(하지만 혈기 왕성이 무슨 소용인가?), 아니면 지금처럼 나름대로 지혜를 쌓았다고 하는 노년의 모습으로(지혜가 대체 무슨 쓸모가 있는가?) 부활하길 바랄 수는 있는 것인가?

하지만 교회가 제시하는 진술 중에서 가장 용납하기 힘든 것은 죄에 관한 언급이다. 나중에 '용서받게' 된다는 이 죄야 말로 우리에게 죽음을 초래하는 원인이라고 말하기 때문이다. 새 교리문답에 따르면, 인간은 본래 불멸의 존재로 태어났다고 한다. 그러다가 죄를 지었기 때문에 죽을 수밖에 없는 존재가 되었다는 설명이다. 바로 이 죄 때문에 "죽음이 인류의 역사에 개입하게 된 것이다." 이런 정도의 추론이라면 인간 조건에 관한 사색을 유아 이전의 수준으로 퇴보시키는 셈이다.

육신의 소멸은 애초의 생식 행위에 따른 필연적 결과이다. 이 점에 있어서는 모든 생명체가 마찬가지이다. 따라서 우리 인간만이 이 같은 운명을 피할 수 있다고 말한다면, 이는 죽음을 부인함으로써 죽음을 비켜갈 수 있다고 믿는 달콤한 환상에 빠져드는 일이다.

이와는 정반대로, 우리는 불멸성이야말로 도저히 용납할 수 없는 일이며, 불멸성이란 환상은 우리가 삶에 끝이 있다는 자각 때문에 발휘하게 되는 힘을 앗아가 버린다는 점을 이해해야 한다. 우리 인간의 특수성은 우리가 죄를 지음으로써 고의로 죽음을 초래했다는 점에 있지 않다. 인간의 특수성은 우리가 우리 자신의 미래를 보려 했고, 거기서 피할 길 없는 종말을 봤다는 점이다.

이처럼 교회가 공식적으로 제시하는 관점을 사람들이 이렇다할 생각도 하지 않고 끊임없이 입에 올려 암송하는 모습에 직면할 때, 마땅히 가톨릭 내부에서도 뭔가 움직임이 있어야 한다고 생각된다. 하지만 가톨릭교회는 아무런 말이 없다. 그럴 바에야 차라리 교회는 누구라도 이해할 수 있도록 쉽고 분명한 말로 자기 입장을 솔직히 밝혀야 하지 않는가?

이제까지 우리는 사도신경의 한 구절 한 구절을 분석해보면서 깊은 실망감을 금할 수 없었다. 예전에나 통했을 낡은 문장으로는 오늘날의 풍요로운 개념들을 모두 담기에는 역부족이기 때문이다. 사도신경은 새롭게 씌어져야 한다.

사도신경과
산상수훈

나는 이제까지 아무런 선입견 없이 기독교 사도신경의 구절들을 분석했다. 그러면서 단어마다 오늘날 우리가 쓰는 말을 적용하려고 애를 썼다. 나는 특히 오늘날의 과학이 우리를 둘러싼 이 세계에 대해 지니는 시각을 적용하려 노력했다. 나는 사도신경이 이 정도로까지 폐허투성이인지 미처 생각하지 못했다.

그럼에도 불구하고 매일 수백만의 사람들은 사도신경을 낭송한다. 또 수백만의 사람들에게 사고의 틀을 제시하기도 한다. 사도신경은 수많은 기독교 신자들이 사색할 수 있도록 이끌기도 한다. 사도신경은 오랜 연구의 결과로 만들어진 텍스트이다. 수많은 학자들이 여러 차례 한데 모여 그 의미에 관해 토론했다. 공의회는 이렇게 해서 만들어진 사도신경을 지키려고 공식적인 해석에 조금이라도 이의를 제기하는 사람들은 모두 파문했다. 우리는 역사를 통해 종교가 다르다는 이유로 국가간에 서로 반목하고, 심지어 전쟁을 하는 사례도 보아왔다.

하지만 오늘날 사도신경의 상당 부분은 그 의미를 상실했다. 따라서 사도신경의 구절을 문제 삼아 논쟁이 벌어질 여지도 그만큼 사라져버린 것이다. 경전 해석 때문에 벌어지는 논쟁을 생각하면 베르덩 언덕이나 솜 지방의 평원을 방문했을 때 내 눈앞에 무수한 시신들이 선하게 떠오르면서 드는 심정과 비슷한 느낌이 든다.* 지금은 다시 숲이 우거지고 벽에는 담쟁이덩굴로 무성하지만, 당시에는 사람들이 피차간에 분명 용감하게 싸웠을 것이다. 불필요할 정도로 용감하게, 아니 비인간적으로 용감하게.

양쪽 군대는 무엇 때문에 서로 그토록 많은 피를 흘려야만 했는가! 두오몽 요새**를 붉게 물들였을 그 헛된 피의 강이여!

신자끼리 입만 다물면 아무 일이 없을 터인데, 몇 마디 말

* 두 지역은 모두 프랑스의 지명으로, 제1차 세계대전 당시 대격전지였다.
* 베르덩 지역의 대표적 요새이다.

때문에 서로를 증오하는 경우는 또 얼마나 많은가? 그런가 하면, 가톨릭 공의회는 하느님 아버지와 그 외아들 예수님이 서로 '동질'인가 아닌가를 결정하려고 얼마나 많은 회합을 가졌던가!

이 문제에 대해 로마 가톨릭교회는 4세기에 그렇다는 쪽으로 의견을 모았다. 한편 알렉산드리아의 신학자 아리우스는 그렇지 않다고 주장했다. 양쪽 주장이 어찌나 팽팽하게 맞섰던지 결국 로마제국은 서쪽 기독교 제국과 동쪽 기독교 제국으로 영원히 갈라섰다. 그 후로도 기독교 교리의 표면적인 통일을 이루기 위해서 여러 차례 공의회가 개최되어야만 했다. 오늘날까지도 그때 있었던 격렬한 논쟁의 흔적이 사도신경 안에 남아 있다. 앞서 이미 말한 것처럼, 애초에 니케아 공의회에서 확정했던 사도신경 텍스트는 아리우스의 주장을 반박하는 의도에서, 아들 예수님이 "신으로부터 태어난 신이며, 진짜 신에게서 태어난 진짜 신이며, 창조된 것이 아니라 잉태된 존재로서 하느님과 동일한 자격을 갖는다"는 점을 분명히 했다. 하지만 이 구절은 아리우스의 주장을 뒤늦게나마 인정하기라도 하듯, 현재의 공식 사도신경 텍스트에서 모습을 감췄다. 21세기를 사는 오늘날의 우리는 어째서 이런 논쟁이 있어야 했는지 이해하기가 쉽지 않다. 왜냐면 '실체'나 '아버지', '아들' 등의 말은 과거와는 다른 뜻으로 쓰이고 있기 때문이다. 특히 우리는 이런 종류의 물음이 설사 가치가 있는 물음이라 하더라도, 여기에 대한 대답은 관찰이나 논리적 추론으로 얻어질 수 있는 성질의 물음이 아니란 점을 보게 된다. 이 문제는 인간 이성이 전혀 개입할 수 없는 영역에 자리한다. 오늘날 '동질론(同質論)'은 우리 사회가 안고 있는 관심사에는 별 관심이 없는 몇몇 전문가들만이 언급하고 있다.

사도신경에 담긴 내용 중에서 오늘을 사는 우리의 말과 생각에 부합하는 일관된 구절이나 진술은 과연 무엇인가? 신의 전능함이나 창조주 등의 개념은 더 이상 본질적인 개념으로 보이지 않는다. 처녀로서 마리아가 예수님을 수태했다거나 육신이 부활한다는 등의 진술은 우리가 생명과정에 대해 알고 있는 지식과 모순을 이룬다. 로마 가톨릭교회가 거룩하다는 진술은 지난날의 과거를 돌이켜볼 때 도저히 용납할 수 없는 주장이다. 우리의 이성에 따르면 이런 진술들은 상식에도 어긋나고 그 자체로도 이렇다할 관심을 끌지 않는데도, 우리는 어째서 이런 말들을 '믿는다'고 소리내어 되풀이해야 하는가?

하지만 적어도 사도신경의 두 대목은 우리가 현실을 이해하고, 우리 스스로에게 쏟는 시각을 더욱 풍요롭게 하는 데 도움을 줄 수 있다. 물론 1천 7백 년이란 역사를 가진 이 텍스트가 이런 면모를 투명하게 보여주지는 않는다. 하지만 이 두 대목은 대단히 깊은 의미를 품고 있어서 우리의 사색에 커다란 도움이 될 수 있다. 그 대목 중 하나는 바로 '영원한 삶'이란 언급으로, 우리의 이성과 명백히 상충하는 진술이다. 또 다른 대목은 이제는 더 이상 통용되지 않는 낡은 표현이 되어버린 '성인의 통공'이란 대목이다.

영원한 삶

모든 생명체는 죽을 수밖에 없다. 나아가, 이 세상에 존재하는 모든 것들은 소멸하도록 되어 있다. 하늘의 별들도 언젠가는 사라져야 할 운명이다. 태양도 앞으로 50억 년 후에는 수소가 모두 소진됨으로써 뿌연 먼지가 되어서 성운의 소용돌이에 휩쓸려 사라질 예정이다. 정의(定義)될 수 있는 모든 대상은 필연적으로 종말을 맞을 수밖에 없다. 왜냐면 존재한다는 것은 어떤 상태로 되어가고, 변하고, 시간의 흐름과 함께한다는 것을 뜻하기 때문이다. 우리의 이성이 유일하게 사라지지 않고 살아남을 것으로 인정하는 존재는 바로 전체로서의 우주이다. 하지만 우리는 앞에서 '전체'는 정의될 수 없다는 점을 이미 살펴보았다.

그럼에도 시인 랭보는 영원을 찾아나섰고, 이렇게 표현했다.

드디어 찾았다네,
무얼? 영원을.
그건 바다가 태양과 함께 사라져버린 것이라네.

우리는 영원성에 대해 이보다는 덜 시적이지만 이성의 관점에서 볼 때 보다 수긍이 가는 시각을 가져볼 수도 있다. 바로 영원성을 의식(意識)의 정의 속에서 찾아보는 일이다. 그렇다. 영원성이 숨어 있는 곳은 바로 우리의 의식이다.

영원성이 어디 숨었는지 찾아나서도록 하자. 영원성의 본질은 끝이 없다는 점이다. 따라서 영원성에는 그 '이후'란 있을 수 없다. 헌데 그 '이후'란 사실상 기준이 되는 시점에서 벌어지는 현상들보다 시기적으로 더 먼 장래에 벌어질 현상들의 전체로서만 규정이 가능하다. 또는, 기준이 되는 시점이 시간적 한계를 가지지 않은 채 무한히 펼쳐진다고도 생각해 볼 수 있다. 그런데 이 '이후'가 없는 상황은, 빅뱅을 연구하는 물리학자들이 빅뱅의 '이전'이 존재하지 않는다고 보는 태도와 유사하다. 물리학자들은 빅뱅은 모든 것의 시작이기 때문에, 시간조차 빅뱅 이후에만 흘렀던 것으로 생각한다. 따라서 빅뱅 이전은 대상, 즉 현상을 가지지 못할 뿐만 아니라 시간조차 가지지 못한다. 만일 그렇게 된다면, 빅뱅은 빅뱅이 아닌 셈이다. 마찬가지로, 영원이란 논리적으로 볼 때 그 '이후'를 가질 수 없다. 역으로, 그 이후가 없는 상태를 영원이라 부를 수 있다.

우리는 은하든 박테리아든 또는 우리 인간의 신체기관이든 간에 우주에 존재하는 모든 대상들을 관찰해보면, 모든 것이 불가피하게 종말을 맞이한다는 사실을 확인할 수 있다. 이런 대상들 밖에 있는 사건들은 시간의 흐름에 리듬을 부여한다. 이를테면 행성의 운행에 따라 한 해가 정해지고, 원자의 진동에 의거해서 미세한 초의 흐름을 정확히 감지할 수 있는 이치이다. 이처럼 자연현상들이 만들어내는 시계에 따르면, 모든 것은 종말이 있을 수밖에 없다. 이 종말은 생명체를 가진 존재들에게는 '죽음'이라 불린다. 나의 신체를 살아 움직이게 만드는 과정은 어느 순간 정지될 테고, 또 이 순간은 내 밖에 있는 사건들에 의해 규정될 참이다. 이 과정은 따라서 그 '이후', 즉 나를 이루었던 여러 물질들이 해체되는 모습을 지켜볼 증인을 거느린 셈이다. 나는 나의 육신이 죽을 수밖에 없다는 사실을 인정하지 않을 수 없다. 나의 생물학적 존재는 영원할 수가 없다.

그런가 하면, 나는 이와는 또 다른 시간의 기준을 생각해 볼 수 있다. 바로 나의 의식(意識) 속에서 이루어지는 사색과 회상, 감정, 물음 등에 의거한 기준이다. 이런 것들은 스스로의 활동 이외의 리듬을 갖지 않는 내적 공간 안에서 펼쳐진다. 그래서 이 리듬은 행성들의 운행이나 원자의 진동과 같은 외적 사건들에 따른 리듬과는 반드시 일치하란 법이 없다. 의식은 또 다른 시간 개념을 가진 셈이다.

나는 나만의 내밀한 의식 속에서, 내가 언젠가는 반드시 죽을 것이며, 내가 죽었다는 사실을 내 주위 사람들도 확인할 수 있으리라 생각한다. 더불어, 나를 찾아오게 될 종말은 외적 시간의 잣대로 재볼 때 그리 오래 남지 않았다는 사실도 수긍하게 된다. 하지만 나의 종말이 정말로 이루어지는 것인지, 하물며 건너뛰어질 수 있는 것인지에 대해 말해주는 것은 아무것도 없다. 나의 의식 세계에서는 '내 이후'는 존재하지 않는다. 그렇기 때문에 나의 의식은 그 자체로 영원한 것이다.

이처럼, '영원한 삶'은 우리 육신의 삶이 아닌 의식의 삶을 기준 삼고, 더욱이 외부현실의 시간이 아니라 우리 의식의 행로에 따른 시간을 기준으로 한다면, 현실감각을 잃지 않으면서도 충분히 생각해볼 수 있는 일이다.

마침내 우리는 아르튀르 랭보에 뒤이어 이렇게 말할 수 있을 게다.

드디어 찾았다네!
무얼? 영원을.
그건 내가 존재한다는 의식이 시간과 한 몸이란 것을 말한다네.

나는 이와 같은 영원 속에서, 나와는 무관한 내 '이후'에 크게 괘념치 않고, 오히려 내 '이전'을 살아가려 노력해야 한다. 그래서 나는 마땅히 나와 같은 시대에 놓여 있는 바로 이 세상에 관심을 가져야 하고 또 참여해야 한다. 이 점이야말로 내가 어린 시절 영원한 삶을 내 존재의 목표로 삼았을 때 품었던 생각과는 전혀 다른 메시지이다. 영원한 삶은 머나먼 곳의 다른 세상 얘기가 아니다. 사실상 영원이란 바로 지금, 이곳이다.

기이하게도 나는 수피족 현인들이 했던 말 중에서 '지혜의 말씀'을 듣게 되었다. "너는 이 세상을 마치 영원히 살 수 있을 것처럼 살아가고, 저승을 마치 네가 내일 죽을 것처럼 대하라." 이 말은 오랫동안 나를 형성해온 기독교 정신과 수피족 철학 사이에 가로놓인 무수한 장벽을 허무는 말이다.

성인의 통공

'성인의 통공'이란 말은 인류 전체가 물음과 이해, 불안, 희망을 모두 '함께' 한다는 뜻으로 새길 수 있다. 인류의 동류의식은 서로간에 상호작용을 촉발함으로써 새로운 역량을 만들어낸다. 인간의 두뇌가 가진 능력은 경이로운 복잡성의 결과이다. 하지만 인류 공동체는 개개의 구성원이 보다 우월한 하나의 전체를 이루는 요소라는 자각을 가지고 행동한다면, 한층더 다양한 복잡성을 이룰 수 있다. 이렇게 되면 진정한 초인(超人)이 탄생한다. 초인이란 공상과학소설에서처럼 남보다 월등히 힘이 세거나 지성이 뛰어난 어느 개인을 가리키는 말이 아니라, 다양한 존재, 바로 우리라는 하나의 공동체를 뜻한다.

우리 모두가 서로 화합할 수만 있다면, 우리는 혼자서는 도저히 가질 수 없는 힘을 서로에게 줄 수 있다. 우리 인간이 새로운 대상을 창안하거나 이전에 없었던 새로운 계획을 꾀하려 할 때는 더욱이 이와 같은 협동이 필요하다. 기술의 역사는 발견과 재능이 이와 같은 협동과 성공적인 결합을 통해 이루어낸 결실임을 보여준다. 인간은 제아무리 재주가 뛰어나다 하더라도 혼자서는 도저히 인공위성을 궤도에 쏘아 올릴 만한 지식을 보유하지 못한다. 하지만 함께라면 가능한 일이다.

인류 전체가 하나의 공동체를 이룸으로써 우리 스스로가 변화하고 새로운 가능성을 발전시킬 수 있다는 사실만큼 우리에게 중요한 일은 없을 것이다. 한편 우리는 공동체의 일원으로 이처럼 서로 영향을 미치는 존재이기도 하지만, 우리가 속한 전체로부터 영향을 받는 존재이기도 하다. 우리 개개인은 개별적 차원에서 행해지는 상호작용이 아니라, 우리의 바깥에 있는 전체에 참여함으로써 비롯되는 능력을 획득할 수 있다.

따라서 나는 나 자신이 어떤 존재인지를 이해하려면 반드시 데카르트가 제안하는 방식을 따르지 않는다 하더라도 결코 현실에서 멀어지는 것이 아니다. 데카르트의 방식이란 이를테면 나를 형성하는 모든 것을 기관에서 세포로, 세포에서 분자로……처럼, 점점 더 세분화해서 분석하는 방식이다. 이런 분석 방식을 쓰면 진정으로 내가 어떤 존재인지 알 수가 없다. 내가 실질적으로 수많은 구체적 요소들의 집합체라는 관점에서는 필요한 방식일 수는 있다. 하지만 그것만으론 부족하다. 나는 그것뿐만이 아니기 때문이다. 이 방식은 거꾸로 내가 속하는 전체를 출발점으로 삼아 역으로 나에게까지 이르는 방식으로 보완해야 한다. 나는 나의 주변, 무엇보다 다른 사람들과 맺고 있는 관계의 총화이기도 하기 때문이다. 나는 사람들과 '한 몸을 이룬 채' 존재한다.

우리가 구체적으로 성취하는 일들은 우리 각자가 공동의 목적과 수단에 기여함으로써 얻을 수 있는 몫의 한 부분에 불과하며, 제한된 범위를 넘기가 힘들다. 헌데 공동체를 이룸으로써 우리가 얻을 수 있는 보다 근본적인 면은, 우리 내면에 우리 자신에 대한 새로운 이해의 장을 여는 일이다. 이는 곧 존재에서 존재한다는 의식으로 옮겨가는 것을 뜻한다. 우리의 삶에 찾아올 본질적 대변혁, 결정적 갈림길은 우리가 목말

라하는 이해의 욕구를 우리 자신에게 되돌리는 일이다. 우리
는 우리 주위의 세계에 대해 물음을 던져본 후에 우리 자신에
대한 물음을 던지게 되었으며, 우리 자신을 마치 바깥에서 관
찰하는 듯이 바라다보았다. 바로 이때 우리는 우리 자신이 보
기에도 존재하였으며, '나'라고 말할 수 있었다.

　우리 인류만이 도달할 수 있는 이 놀라운 공적은 자연이
만든 상태의 인간 개개인이라면 도저히 이룰 수 없을 듯이 보
인다. 자연은 우리 인간에게 유전자에 담겨 있는 능력만을 주
는 것으로 만족한다. 하지만 자연이 준 그 어떤 능력도 '나'라
고 말할 수 있도록 가르쳐주지 않는다. 분명 이 능력은 자연
이 아닌 다른 곳에 연원한다. 이 능력은 우리가 함께 실현을
꾀하려고 모인 요소들의 집합이 아니라, 우리 개개인이 구성
원인 바로 인간 전체, '공동체'에서 근원한다.

　이리하여 우리는 인류의 역사와 개인의 역사에 공통적으
로 관찰되는 두 단계를 구분하기에 이르렀다. 첫 번째 단계는
자연적 진화의 단계로, 생명체가 불안정한 변모를 맞이하고
또 선택적으로 발전해왔던 과정을 말한다. 두 번째 단계는 인
류 공동체가 실현한 단계로, 인간이 질문의 화살을 스스로에
게 향하도록 했던 단계이다. 우리는 우리 자신의 존재를 의식

하기 때문에 우주가 다른 모든 산물들에 공통되게 부과했던 운명을 거부했으며, 자연적 과정들이 가져오는 맹목적인 결정론에 복종하길 거부했다.

우리 인간은 내일이 있으리란 것을 발견했고, 우리가 현상들의 움직임을 이끌 수 있다는 사실을 발견했다. 물론 시초는 어렵게 시작되었지만, 인간의 무력함은 점차로 극복되었다. 하지만 오늘날 인간이 할 수 있는 가능성은 너무도 빨리 확장되고 있어서 오히려 공포를 안겨줄 정도이다. 물론 이 공포는 정당한 것이긴 하지만, 그렇다고 중도에서 포기할 수는 없는 노릇이다. 오히려 반대로 이런 공포는 공동의 프로젝트를 만드는 원동력이 될 수 있다.

'성인의 통공'은 오늘날의 표현으론 인간 공동체라 불릴 수 있다. 하지만 이 공동체는 신앙의 대상이 아니라 하나의 확인이다. 중요한 문제는 이 공동체가 취할 목표를 설정하는 일이다.

인류가 인간 상호간에 이룰 수 있는 거의 모든 일을 이제 막 실현해냈다는 것은 모두가 인정하는 사실이다. 교통의 신속함이나 정보의 동시성은 인간 개개인이 지구의 다른 모든 사람들에게 직접 영향을 미칠 수 있도록 해준다. 이 과정은 분자들이 결합해서 세포를 이루거나, 세포들이 결합해서 조직을 이루는 과정과 매우 흡사하다. 하지만 이 두 과정 사이엔 근본적인 차이가 있는데, 뭐냐면 이렇게 해서 이루어진 세포나 조직은 자연의 법칙에 따른다는 점이다. 하지만 인간은 스스로의 의지에 따라 결정한 대로 행동할 수 있는 가능성을 지니고 있다. 인류는 서로 어떤 방식으로 영향을 미칠 것인지 스스로 결정할 능력이 있다.

예컨대, 인간은 오로지 자기 자신의 미래에만 관심을 갖고서 다른 사람을 무관심하게 대할 수도 있다. 그래서 우리가 서로 만나더라도 마치 만나지 않았던 것처럼 행동하는 것이다. 이럴 때 우리는 공동으로 가지는 것이 아무것도 없다. 그 어떠한 구조도 만들어질 수 없기 때문에, 우리는 각자의 역량 이상은 절대로 가질 수 없는 그저 인간들의 무더기에 그칠 따름이다.

또는 우리는 '타인'을 우리를 위협할 수 있는 위험요소로 보고, 서로를 두려움으로써 바라다볼 수도 있다. 이럴 때는 반목이나 공격성, 방어의 사고방식이 싹튼다. 이 과정은 처음에는 개인의 차원에 머물다가 차차로 그룹 단위로까지 발전되어 나가다가, 마침내 이 그룹은 다른 그룹들을 공격하는 것

을 초미의 관심사로 삼기에 이른다. 이 같은 협소한 '공동체'
는 놀라운 기술 발달의 원천일 수도 있지만, 본질적으로 파괴
적이다. 개개의 민족은 다른 민족과의 전쟁에 대비해서 처음
에는 칼, 다음으론 쇠뇌, 그 다음엔 대포, 마지막엔 핵탄두를
장착한 미사일을 만들어냈다. 인류는 언제고 서로 파괴할 수
도 있고, 수십 년 전부터는 집단 자살을 초래할 수도 있는 파
괴력조차 갖추게 된 불안정한 사람들의 집합체이다. 이제 인
류는 언제라도 대재앙을 맞을 수 있다.

그런가 하면, 우리는 타인을 우리 자신을 건설할 수 있는
원천을 제공하는 존재로 볼 수도 있다. 바로 이때 개인이나
집단 간의 모든 만남은 자기 자신을 뛰어넘을 수 있는 계기가
되고, 새로운 가능성에 도달할 수 있다.

우리는 어떤 태도를 가져야 하는가?

파스칼은 신의 존재에 관한 도박을 제시했다. 두 선택지
중 하나는 승리자의 것이고, 다른 하나는 패자의 선택이다.
파스칼은 그렇다면 선택은 자명하다고 말한다. 하지만 우리
가 해야 하는 선택은 우리가 우리 스스로를 어떻게 볼 것인가
하는 태도이다. 무관심이나 공격적 태도는 재앙만을 가져오
고, 다른 사람을 신뢰하는 열린 태도는 이로울 수 있다. 그렇

다면 망설일 이유가 없지 않은가?

모든 자명한 이치들이 그렇듯이, 이 사실도 이미 이야기된 바 있다. 이는 곧 산상수훈에 담긴 중심 테마가 아닌가? 산상수훈에서 예수님은 우리에게 인간 공동체를 믿으라고 하지 않았다. 예수님은 오히려 우리에게 그 공동체를 만들라고 하셨고, 그러려면 어떻게 해야 하는지 그 길을 제시하셨다. 그 길이란 경쟁이 보편화되고 싸움이 그치질 않는 현대사회의 원동력과는 정반대되는 길이다.

우리의 사색은 사도신경을 출발점으로 삼았다. 그리고 마지막 여정에서 산상수훈에 이르게 되었다. 사도신경은 믿어야 하는 바를 그린다면, 산상수훈은 살아야 하는 바를 그린다.

과거에 사도신경은 피로 얼룩진 무수한 적대관계에 빌미를 제공했고, 다른 믿음*을 가진 민족들과의 갈등을 초래하면서 민족간에 증오심을 불러일으켰다. 오늘날까지도 '진짜

---

* 사도신경을 라틴어와 프랑스어로는 '크레도Credo'라고 부르며, "나는 믿는다"란 뜻이다.

신'의 이름으로 그 얼마나 끔찍한 일들이 자행되고 있는가! 나의 어린 시절은 믿음에 대한 분석으로 가득 찼고 나의 처음 교양은 기독교로 형성되었지만, 결국 나는 공허에 이르지 않을 수 없었다. 아마도 사도신경처럼 겸양을 모르고 가차 없는 사고방식을 추구하는 구도의 길은 모두 공허에 이를 수밖에 없을 것이다. 어째서 고집스레 믿어야 하는가? 우리의 내면 깊이 이미 믿음이 자리한다는 것을 아는데도, 어찌 그 믿음을 다른 사람들에게 강요한단 말인가?

이 마지막 물음은 우리에게 새로운 사색과 새로운 다짐을 가져다 줄 수 있다. 예수님이 신이라서, 또는 "하느님 아버지와 동일한 자격을 가진 아들"이라서, 또는 정반대로 인간이란 이유 때문에, 우리가 예수님의 말씀을 무조건 믿거나 또는 반대로 소홀히 해야 한단 말인가? 나는 오히려 이런 문제들보다는 예수님 말씀에 귀를 기울이고, 예수님이 우리에게 제시하는 바를 경청하고, 잠정적으로 그 말씀에 따르길 원한다. 그렇다면 나는 어째서 시원한 답변을 결코 얻을 수 없는 예수님의 신성에 관한 물음을 스스로에게 던지는가?

사실 내가 무엇을 믿는가는 중요하지 않다. 오히려 내가 어떻게 행동해야 하는지 자유롭게 선택할 수 있어야 한다.

여러 해 전 이탈리아 북부 피에몬테 지방에 있는 도시 토
리노에 가본 적이 있다. 토리노는 이탈리아를 대표하는 자동
차인 피아트의 본거지로, 밀라노와 함께 이탈리아 경제의 견
인차 역할을 하는 산업과 금융의 중심지이자 오랜 역사를 간
직한 매우 아름다운 도시이다. 하지만 나에겐 이 도시를 놓치
지 않고 반드시 꼭 한 번 들러보고 싶게 하는 사연이 있었다.
무엇인가 하면, 그로부터 몇 해 전 신문에서 읽었던 기사의
내용이 선연히 떠올랐기 때문이다. 신문 기사에는 누구라도
그저 놀랄 수밖에 없는 내용이 소개되어 있었다. 즉, 토리노
의 어느 성당에 가면 예수님의 수의(壽衣)로 여겨지는 신비한
천이 보관되어 있는데, 이 천은 예수님께서 십자가에 못박혀
돌아가신 후 그분의 육신을 덮었던 천으로 당시 예수님의 형

상이 그대로 각인되어 있다는 것이었다. 나는 도대체 그런 일이 가능할 수 있겠는가 하는 경외심 반 의구심 반의 심정으로 '예수님의 수의'를 꼭 한 번 내 눈으로 직접 보고 싶었고, 또 그런 기적이 과연 가능할 수 있을까 확인(?)하고도 싶은 욕망을 억누를 길 없었다. 인류의 커다란 스승이신 예수님이 2천 년의 장구한 세월을 건너뛰어 우리의 정신뿐 아니라, '물질적' 증거를 통해서까지 현현한다는 믿기 힘든 사실에 몹시도 흥분되고 혼란된 마음이 일었다.

어느 청명한 겨울날이었다. 나는 그리 어렵지 않게 토리노 중심부에 있는 산 지오바니 성당을 찾을 수 있었다. 이리하여 나는 아마도 나와 비슷한 기대와 호기심을 갖고서 이곳을 찾았을 여러 관람객들 틈에 껴서 예수님의 수의로 알려진 기적의 천을 드디어 '볼' 수 있었다. 실로 기적이었다. 커다란 사각형 아마천 위에 희미하지만, 선명하게 윤곽을 분간할 수 있는 남자의 얼굴과 흉부 일부가 마치 사진의 네거티브 필름처럼 새겨져 있었다. 예수님의 형상이려니 생각하니, 천에 갈색으로 찍혀 있는 남자의 형상은 몹시도 힘든 고통을 견뎌낸 듯이 보였다. 유물 곁에는 설명이 붙어 있었다. 이 수의는 세간에는 예수님의 마지막 육신을 덮었던 것으로 널리 알려져 있는 천으로, 현대과학을 동원해서 여러 차례 정밀하게 검사해 본 결과 인위적 조작의 흔적은 전혀 발견되지 않았으며, 13세기에 실재했던 어느 남자의 생물학적 흔적을 신비롭게 담고 있다고 적혀 있었다. 이 순간 나는 어쩐 일인지 실망감과 함께 헤아리기 힘든 안도의 마음이 들었다. 정말 신기한 구경거리를 보았다는 어린애다운 호기심이 어느 정도 충족되었는가 하면, 왠지 보아서는 안 될 것에 공연한 호기심을 보인 것은 아닌가 하는 불편한 감정도 일었다.

그러면 그렇지, 성경에 적혀 있는 2천 년 전 일이 오늘에까지 이렇게 생생한 모습으로 사람들 눈앞에 현시될 수야 있겠는가. 그렇긴 해도, 사람들은 무엇 때문에 13세기에 살았던 한 남자의 유물을 예수님의 수의로 믿는단 말인가. 아니, 믿고 싶어한단 말인가. 이러한 맹목적 믿음과 일부의 사람들이 종교의 이름으로 내세우는 믿음이 행여 겹쳐지는 부분은 없겠는가. 굳이 멀리 갈 필요도 없다. 도대체 나는 무엇 때문에 이 유물을 그토록 보고 싶어했는가. 나는 거기서 대체 무엇을 보고 싶어 했고, 또 무엇을 찾고 싶어 했는가. 볼테르의 말처럼, 신께서 신의 형상을 본떠서 인간을 창조했다기보다, 인간이 인간의 형상을 본떠서 신을 만든 격은 아니겠는가. 아무

튼, 그 순간 나의 내면에는 안도하는 마음이 훨씬 컸음은 틀림없는 사실이다. 그 수의는 예수님의 수의가 아니라 하더라도 그 자체로 기적이었다. 지금 돌이켜 생각해보면, 나는 그 수의가 예수님의 실제 수의라 한들 문제의 핵심은 조금도 달라지지 않는다고 믿는다. 왜냐면 예수님의 진정한 가르침은 물질이 아니라, 우리의 정신에 깃들여야 하기에.

혹은, 이런 경험도 있다. 실제의 일일 수도 있고 꿈일 수도 있다. 나의 눈앞에 경이로운 자연의 풍광이 펼쳐진다. 광활한 푸른 바다가 잔잔한 수면 위로 영롱한 빛을 찰랑이며 끝없이 이어진다. 청명한 하늘과 푸른 바다 사이로 간간이 바닷새들이 끼룩대는가 하면, 따스한 햇살이 내 어깨를 포근하게 감싼다. 어느 새 향긋한 훈풍이 내 곁으로 다가와 머리카락과 귓가를 스친다. 나의 자아는 지고의 행복감에 휩싸인 채 무한히 확장되어, 어느새 내 앞으로 펼쳐지는 저 넓디넓은 세상의 끝을 향해 내달린다. 거칠 것이 무엇인가. 나는 이제 세상과 한 몸이다. 대략 이와 같은 내용으로 세상과의 완전한 합일을 이루는 행복의 경험을 토로했던 사람은 『장 크리스토프』와 『베토벤의 생애』로 유명한 프랑스의 소설가 로맹 롤랑이었다. 그는 정신분석학의 창시자 프로이트에게 보내는 편지에서 이 같은 신비로운 무한의 경험을 '대양(大洋)의 감정'이라 불렀다. 또 그는 조심스레 덧붙이길, 이러한 경험이야말로 종교심의 근원이 아니겠는가 하는 말도 했다. 이에 대해 프로이트는 롤랑이 얘기하는 바와 같은 신비체험을 겪지 못했으며, 이는 아마도 우리가 아주 어릴 때 주변의 보살핌에 전적으로 의존했을 당시 형성됐던 무한한 자아 충족감에서 연원하는 듯하다고 했다. 동시에 프로이트는 우리가 세상으로부터 완벽하게 보호받고 있으며, 세상과 완전히 하나가 되는 듯한 경험의 근원에는 '아버지의 보호'만큼 강력한 힘을 발휘하는 체험은 없었을 것이라 했다. 아버지 하느님과 무의식에 자리하는 아버지의 상(像) 사이의 관계를 맺어보려 하는 프로이트의 세속적 견해는 그야말로 신앙인의 입장에서는 불경스럽기 짝이 없는 견해이기는 하다. 하지만 다른 한편으론, 만일 '내'가 이 세상에 존재하지 않는다면 '나'로 인해 지각되는 신의 존재는 없는 셈이란 관점에서 볼 때, 인간으로서 가져볼 수도 있는 견해이기도 하다. 이를테면 불가지(不可知)의 사실을 가지(可知)의 사실로 규명하려 했던 프로이트의 생각에 동의할 수는 없다 하더라도, 어쨌든 그 물음 자체는 존중되어야 하지 않을까. 물음이 없는 무조건적인 믿음이야말로 물음을 묻지 않는, 물음을 물어서는 안 되는 믿음으로 이끌 따름일 테니 말이다. 이 책 저자의 말대로, 우리 인간이 생각하고 추론하고 의심할 수 있는 이성 능력이야말로 하느님께서 우리에게 내린 가장 커다란 축복이 아닌가. 어떻게 해야 하는가. 우리는 과연 무엇을 아는가. 풀잎 하나, 우리 곁을 감도는 티끌 하나에 이르기까지 충천한 세상의 신비를 우리는 어찌 감당할 것인가.

이 책의 저자인 알베르 자카르는 세계적인 유전공학자이다. 하지만 배움이나 학식 그 자체가 믿음이나 인간의 가치를 결정하는 데에는 아무런 관계가 없다고 생각하는 나는 인간 자카르를 다른 면에서 존경한다. 그는 이 땅은 아니지만, 같은 하늘 다른 땅에서 오늘도 여든에 가까운 노구를 이끌며 집이 없어 고생하고 핍박받는 사람들을 위한 일이라면 언제라도 발 벗고 나서는 사람이다. 우리 시대의 진실한 인간, 하물며 위인으로 불릴 만한 사람이다. 세속적 생명이 꺼져가는 마당에 오늘도 이웃의 불행에 측은지심(惻隱之心)을 가지고서 가난 구제에 전력하는 그의 모습을 접하노라며, 신앙이나 사상, 학식에 앞서서 저절로 옷소매가 여며지도록 만드는 분이다. 믿음의 오랜 담금질 끝에 신의 참모습은 이 세상 모든 사람들이 하나라는 사실에 이르게 된다는 인간 자캬르의 조용한 말에 어찌 마음이 움직이지 않겠는가. 우리 모두는 누구하나 예외 없이 신성을 간직하고 있는 고귀한 존재이며, 신께서 대단히 낮은 곳까지, 바로 우리의 마음속에 임해야 한다고하는 그에게 누가 감히 돌을 덜질 것인가. 신의 이름을 버릇처럼 입에 올리는 사람들보다, 하느님께서 내린 별을 은연히가슴에 품고 이웃과 함께 살아가며 사랑을 실천하는 사람이야말로 그 얼마나 값진 존재인가.

　나는 이 세상에서 보편적 가치 위에 서있는 종교만큼 커다란 힘을 발휘하는 것은 없다고 믿는다. 모든 정당한 문제 제기는 마땅히 존중되어야 한다.

2004년 10월

정재곤

알베르 자카르

세계적인 유전공학자로 프랑스의 대표적인 행동하는 지식인이다. 그는 비가 오나 눈이 오나, 많은 사람들이 모였건 소수가 모였건 빈민 구제 운동 등의 인도주의적 시위가 벌어지는 현장이면 가장 앞장서서 달려간다. 1925년 프랑스 리옹에서 출생했으며, 에콜 폴리테크닉을 졸업했으며, 제네바 대학과 파리 6대학 교수를 거치면서 유전공학에 관한 여러 중요한 논문을 발표했다. 그는 탁월한 학문적 성과 이외에도, 인간에 대한 끊임없는 깊은 성찰과 적극적인 인도주의를 펼치는 행동으로도 널리 알려져 있다. 휴머니즘을 지향하는 그의 저서로는 『아직 태어나지 않은 너에게』(성우), 『과학의 즐거움』(궁리), 『나는 고발한다 경제지상주의를』(다섯수레), 『청소년을 위한 철학교실』(동문선), 『인간과 유전자』(영림카디널) 등이 있다.

정재곤

1958년 서울에서 출생해서, 서울대학교 불어불문학과 및 동대학원을 졸업했으며, 프랑스 파리 8대학에서 문학박사 학위를 받았다. 현재 출판기획 및 번역 전문 네트워크인 〈사이에〉의 일원으로 활동중이다. 역서로는 『가난한 사람들을 위한 은행가』, 『자유를 생각한다』, 『봉기(인티파다)』, 『잃어버린 시간을 찾아서』(만화본), 『미술, 여성 그리고 페미니즘』 등을 펴냈다.

神?

1판 1쇄 찍음 2004년 10월 20일
1판 1쇄 펴냄 2004년 10월 25일

지은이 · 알베르 자카르
옮긴이 · 정재곤
펴낸이 · 이갑수

편집 · 김현숙, 서영주, 이유나
영업 · 백국현, 도진호
관리 · 김유미
펴낸곳 · 궁리출판

출판등록 1999. 3. 29. 제406-2003-021호
110-043 서울시 종로구 통인동 31-4 우남빌딩 2층
대표전화 734-6591 | 팩시밀리 734-6554
E-mail : kungree@chol.com | www.kungree.com

한국어판 ⓒ 궁리출판, 2004. Printed in Seoul, Korea.

ISBN 89-5820-018-9   03300

값 9,000원